Inspiring Spaces for Young Children

图解幼儿园教室环境创设

激发幼儿灵感的空间

杰西卡·德维妮（Jessica DeViney）
桑德拉·邓肯（Sandra Duncan）
[美] 萨拉·哈里斯（Sara Harris） / 著
玛丽·安·罗迪（Mary Ann Rody）
露易丝·罗森伯里（Lois Rosenberry）

何梦燚 / 译

中国轻工业出版社

图书在版编目（CIP）数据

图解幼儿园教室环境创设：激发幼儿灵感的空间／（美）杰茜卡·德维妮（Jessica DeViney）等著；何梦燚译．-- 北京：中国轻工业出版社，2024．10．
ISBN 978-7-5184-5085-5

Ⅰ．G617

中国国家版本馆CIP数据核字第2024ZL0837号

责任编辑：吴　红　　责任终审：张乃柬
策划编辑：吴　红　　责任校对：刘志颖　　责任监印：吴维斌

出版发行：中国轻工业出版社（北京鲁谷东街5号，邮编：100040）
印　　刷：中国电影出版社印刷厂
经　　销：各地新华书店
版　　次：2024年10月第1版第1次印刷
开　　本：889×1194　1/16　印张：15
字　　数：100千字
书　　号：ISBN 978-7-5184-5085-5　定价：88.00元
读者热线：010-65181109
发行电话：010-85119832　010-85119912
网　　址：http://www.chlip.com.cn　http://www.wqedu.com
电子信箱：1012305542@qq.com

如发现图书残缺请拨打读者热线联系调换
232370Y1X101ZYW

译 者 序

“人诗意地栖居”是德国哲学家马丁·海德格尔（Martin Hedegger，1889—1976）对人与空间关系的论述。空间的美学和组织、空间的总体关怀可以带给人视听、肢体、头脑、心灵的感染和鼓舞。

《图解幼儿园教室环境创设》将空间作为一个线索，把那些经常被忽视的美学品质、那些值得被看见的教室布置“技术”串联起来，倡导打造富有创意的、充满灵感和魔力的空间，为孩子们提供一个引人入胜的学习和成长环境。

当中国轻工业出版社万千教育编辑部邀约我翻译这本书时我很兴奋，因为它恰巧是我一直要寻找的那类书。这本书自出版后在国外反响很好，对许多托幼机构都提供了专业指导与帮助。本书五位作者既精通理论又有丰富的实践经验，她们强强联手，以一种非常直观的方式，为读者展示了设计的艺术和美学。该书蕴含了专业的教育理念和课程精神，同时又契合了当下我国教育发展的形势和要求。

一、注重审美和热爱

教室是儿童学习的重要空间，也是文化浸润的精神场域。当每一个细节都散发出美的时候，每一间教室就能成为师幼的心灵家园。中共中央办公厅、国务院办公厅 2020 年 10 月印发的《关于全面加强和改进新时代学校美育工作的意见》中强调进一步强化学校美育育人的功能，以美育人、以美化人、以美培元。基于教育美学理念的教室空间的重塑，有利于给幼儿创造美好的学习和生活空间。

作者充分发挥教育空间的美育力量，成就每个儿童的自然生长。小小教室传递的空间物语，让走进教室的每个人都能呼吸到“美好”和“热爱”。

二、针对性和操作性很强

翻开一张张鲜活、独特、精美的图片，徜徉在温馨、美观、舒适的场景中，你会情不自禁地有跃跃欲试的冲动，想立即改造你的教室环境，或者把自己的家居装饰小小地变动一下。

作者强调，要寻找灵感，就需保持开放的心态，跳出思维定式，用孩子的眼睛看世界，用一种全新的方式感受身边的事物。要创设激发灵感的空间，七项设计原则是关键，我们可以尝试着聚焦自然、色彩、家具、材料、陈设、元素和焦点七个要素，把它们有效地融入教室空间设计中。

三、关联儿童和课程

教室是一个具有教育意义的生态空间，是师幼共融共长的生命场。让空间融入日常课程，才能帮助教师应对身处其中的幼儿的不断变化的真实发展需求和兴趣。

作者在教室活动空间装置的设计上，注重儿童的参与，注重空间的互动性与体验性；通过教室空间的改造重塑幼儿园课程中的师幼关系，真正实现“追随儿童”的课程游戏化理念；给孩子们提供开放式的天然材料和空白的创作空间，支持其学习，激发其想象力。孩子们每天在教室里进行互动，这个空间就变成了一件原创艺术品，比如书中的冰上捕鱼场景、真实的露营地、雕塑区等。

空间打造如同“小径分岔的花园”，虽然各条“小径”方向不同，但它们的目的统一而明确，即激发儿童蕴藏的潜力和灵感，把不可能变成可能，再把可能变成无限可能。让儿童与空间对话，充分挖掘空间的力量，就可以为教育教学带来悄然的影响力和附加值。

感谢万千教育编辑部邀请我翻译本书，希望本书的翻译和出版，对幼儿园一线教师、学前教育专业师生和热爱生活的所有人有所启示和帮助。我在翻译过程中难免有疏漏和不当之处，敬请读者批评指正。

何梦燚

2024 年 5 月

作者简介

杰西卡·德维妮（Jessica DeViney） 自1993年以来一直在美国儿童探索中心（拥有8个分中心的儿童教育公司，为1500多名儿童服务）工作，现任市场副总裁；在印第安纳卫斯理大学获得艺术学位；与他人合著12本儿童读物。

桑德拉·邓肯（Sandra Duncan） 美国常春藤技术社区学院兼职教授；著有幼儿园课程、教师资源等方面的多部图书；主持多个教育项目，发表论文若干，并经常在地方、州和国家会议上发表演讲。

萨拉·哈里斯（Sara Harris） 美国儿童探索中心创意总监，负责8个分中心的环境设计与美学策划，并为其他学校提供咨询服务；与他人合著12本儿童读物。

玛丽·安·罗迪（Mary Ann Rody） 现任美国儿童探索中心首席运营官；曾担任幼儿园教师、行政管理人员和人力资源经理。

露易丝·罗森伯里（Lois Rosenberry） 美国儿童探索中心的创立者；担任多家公立和私立机构的幼儿教育顾问；曾在全国会议上发表演讲；曾撰写幼儿园课程方面的著作。

译者简介

何梦焱　北京师范大学教育学博士，军委机关事务管理总局红星幼儿园（五棵松园）园长，高级教师，海淀区教育科研带头人，海淀区挂牌责任督学，中华女子学院儿童发展与教育学院研究生校外导师；曾担任《幼教博览》杂志编辑。她曾荣获“全军优秀教师”“优秀党务工作者”等称号。她主持和参与了多项国家级、省部级课题研究并获奖，在学前儿童游戏、幼儿园语言教育、自主性美术活动等方面进行了深入研究。她已在核心期刊上发表多篇学术论文，获得了北京市教委督学征文一等奖、海淀区督学征文特等奖等荣誉。其代表性著作有《幼儿园教育环境创设》。她参与翻译了《0—8 岁儿童发展适宜性教育》（原著第三版和第四版），并与他人合作主编了《幼儿园 STEAM 科学探究特色课程》，还参与撰写了《卢乐山儿童观察日记记录与分析》等书籍。

现在是开始为孩子们营造一个美好环境的最佳时机。播下种子，培育它，看着它成长吧！

目录

第一部分　激发灵感

第二部分　学习

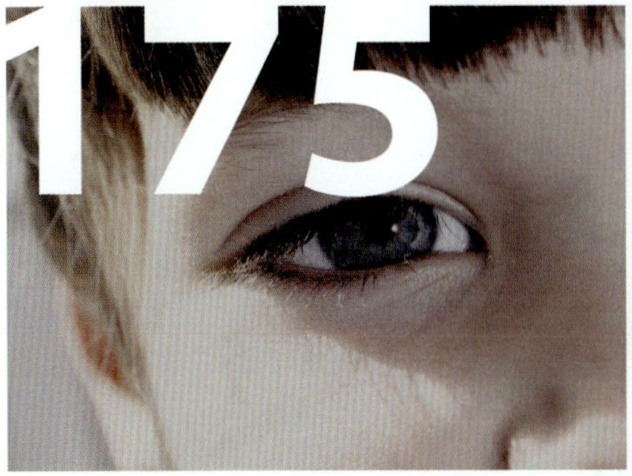

我们珍视空间，因为它具有组织的力量……以及激发各种社会、情感和认知学习的潜力。

——洛里斯·马拉古齐
（Loris Malaguzzi）

导　言

当你进入这个空间时，温暖的阳光将你拥抱。在这里，你会立刻感到宾至如归。家的舒适感环绕着你——你可以找个舒适的地方抱着一本好书，窗台上摆放着生机勃勃的植物，“用餐区”铺着亚麻桌布并摆放着精致的花瓶，“全家福”被精心装裱，独特的艺术品陈列在房间四周的架子上。天花板上翩翩起舞的水晶阳光捕捉器引人注目，它的反射光既能让人平静，又能让人振奋。

当你进一步走进房间时，你会感到惊奇。在蛋壳墙的天然画布上，充满活力的绘画作品为房间增添了一抹色彩。窗外，玫瑰花的美景让人陶醉，蔚蓝的天空让人心旷神怡。宝藏和冒险似乎就隐藏在每个角落——令人好奇的物品等着你去探索，神奇的时刻等着你去体验，梦想等着你去发现。

你能想象这个地方吗？哪里会有这样一个奇妙的地方？这样一个特别的地方是为谁设计的？在这样一个鼓舞人心的环境中度过一段时间会对人产生什么影响？

这是一间幼儿园教室，可能与你见过的大多数教室不同。在这间教室里，人际关系得到培养，家庭得到尊重，孩子受到重视。在这间教室里，大自然的馈赠被珍视，孩子们的思想被捕捉。在这间教室里，学习充满活力，美学得到欣赏。

为幼儿营造一个充满灵感和魔力的环境，就像把一粒种子培育成一朵美丽的鲜花，你必须准备土壤，制订花园设计计划，购买种子，播种并浇水，耐心地看着它们从萌芽……到长出花苞……直到开花结果。

创造一个美观宜人的环境需要深思熟虑的规划和学习共同体的支持。你无法通过在教室里添加额外的装饰和商业展示来实现这种环境。美丽的教室所包含的不仅仅是房间里的“美丽的东西”。相反，你必须考虑空间的功能和适应性，以及居住在空间中的人的动态需求和兴趣。

那么，你应该从哪里开始创建一间鼓舞人心的教室呢？看看你的周围，以新的方式使用你已经拥有的东西。保持开放的心态，跳出思维定式，抛开条条框框的限制，寻找你的灵感。采访孩子们来了解他们的希望和梦想。用孩子的眼睛看世界。创造激发幼儿灵感的空间！

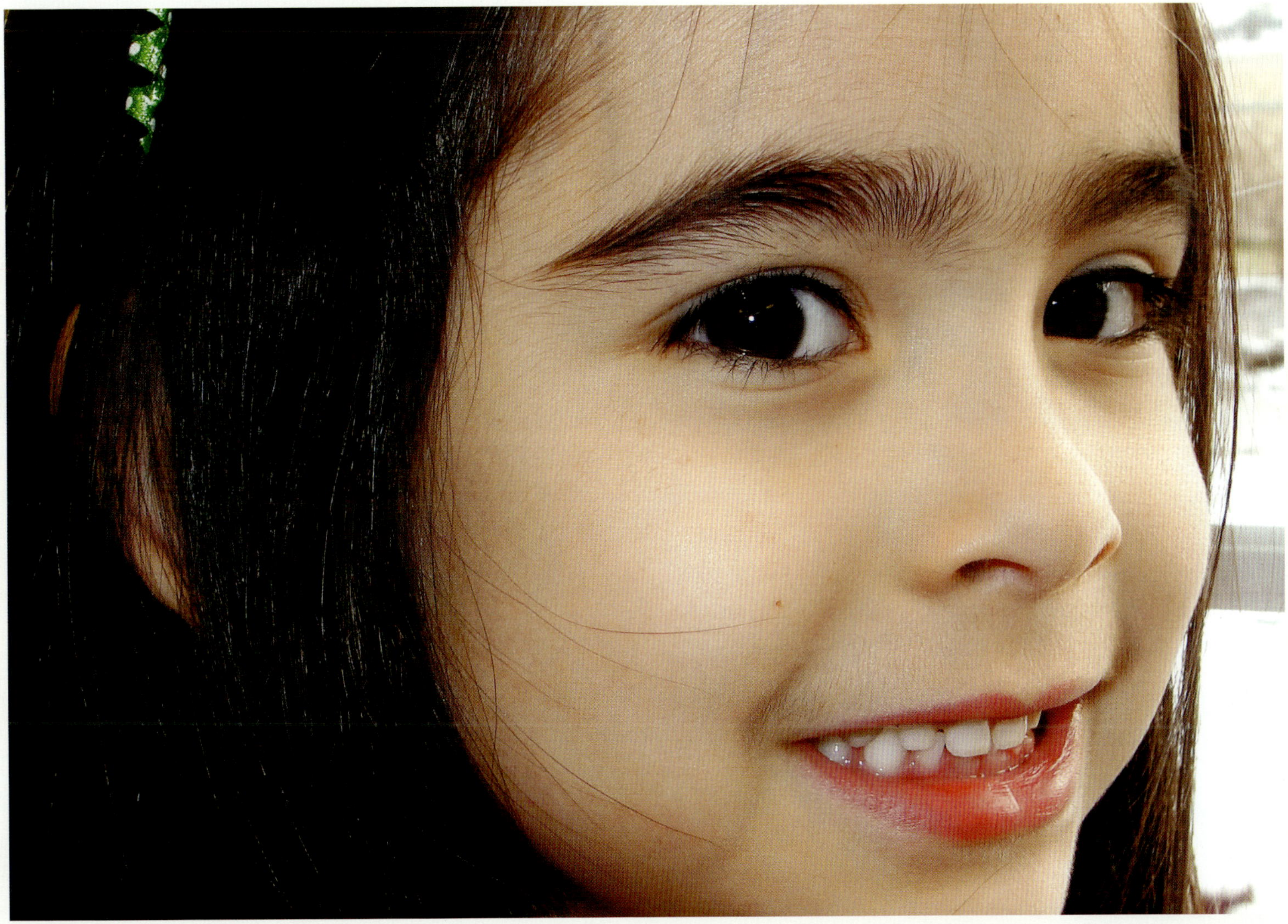

第一部分

1

激发灵感

寻找灵感

缺乏天纵灵感，难成大器。

——马库斯·图利乌斯·西塞罗（Marcus Tullius Cicero）

寻找灵感

为了开始理解设计美丽教室空间的原则，你必须学会寻找能激发你灵感和兴奋点的东西。你的灵感可能来自去附近的一家油漆店。看看颜料片，浏览一下介绍色彩搭配的小册子，可能会激发出一个让你的教室焕然一新的想法。或者，你在旧货市场花 50 美分（约 3.60 元人民币）买来的精美刺绣枕头的配色方案也可能成为你的灵感来源。试着跳出幼儿教育，看看幼儿教育之外的东西，翻阅一些家居装饰目录，考虑跳出原色框思考问题。参观家居商店或艺术画廊，在当地的苗圃或伐木场度过阳光明媚的一天，逛逛二手店。从任何地方汲取你的灵感……一块织物残片、装裱好的儿童或商业艺术品、一件真正的家具，或是自然界美丽的材料和色彩。

你可能已经准备好停止阅读了，因为你觉得自己没有艺术细胞……因为你知道自己没有时间……而且你可能负担不起教室改造的费用。你可能会想："可是，我甚至都不知道如何布置我的家或公寓，更不用说我的教室了！"放轻松，深呼吸，继续阅读，因为这本书将带领你完成设计激发幼儿灵感的空间的过程。诀窍在于从小处着手，应用本书中解释和说明的七项设计原则。此外，你还可以使用《启发式环境观察评价量表》（*Rating Observation Scale for Inspiring Environments*，ROSIE）一书，这是专为幼儿教育专业人士设计的配套观察指南。

寻找灵感其实很简单，只需采用一种新的思维方式看待世界，并以一种全新的方式感受身边的事物。起初，你去参加社区艺术节的目的似乎是为你的客厅寻找一幅新画。但要保持开放的心态，考虑一下如何在教室里使用一些你感兴趣的东西。例如，我们在斯科茨代尔艺术节上发现了一扇木制花园门，它成了我们展示儿童鸟类雕塑的灵感来源，参观安娜堡艺术博览会也激发了我们为教室里的孩子们提供一种将瓷砖、材料和颜色融合在一起的体验。

这本书带给你一些想法和项目，你可以在几分钟、几小时或周末完成。虽然有些创意价格适中，但大多数灵感的实现只需花费几美元。

艺术博览会展位灵感

一个艺术博览会的展台激发了孩子们的灵感，他们的杰作由此诞生。孩子们用木板作为他们艺术作品的小画布。

当你走进充满灵感的地方时，你的兴奋感和活力就会增强。例如，参观当地的花店可能会激发你为小花匠们设计一个互动区的灵感。当孩子们制作花束、成为购物者、接受订单并计算购买量时，无限的学习机会就会出现。

家居装饰店

去家居装饰店购物可以激发许多环境创设方面的灵感。在店里看到的百叶窗，可能会使你萌生使用百叶窗作为教室隔断的想法。你可以用挂钩把六扇便宜的百叶窗挂在一起，分隔出房间的一个区域。为了安全起见，这个隔板被固定在地板和天花板上。

从家居装饰店购买的百叶窗为娃娃家提供了一个舒适的背景。

寻找灵感的地方

家居

家具店

地毯、垫子和瓷砖商店

油漆店

布料店

农贸市场

家居装修店

餐厅和酒店

灯饰店

媒体

互联网

书籍

电视改造节目

购物指南和杂志

户外

海洋、湖泊、池塘和河流

森林、树林和公园

户外和泳池展厅

苗圃和景观公司

花园商店

体育用品店

植物园

艺术

博物馆和画廊

艺术与手工艺展

业余爱好商店

艺术节

二手货

跳蚤市场

庭院销售

拍卖

寄售商店

房地产销售

建筑

桥梁

门窗

拱门和柱子

设计图

装饰金属

栅栏和大门

要想成功，

你需要找到一些值得坚持的事物，

一些能激励你的事物，

一些能给你灵感的事物。

——托尼·多塞特（Tony Dorsett）

不断激发灵感的空间

孩子是奇迹……我们必须怀着敬畏和感恩之心，
创造一个无愧于奇迹的空间。

——安妮塔·鲁伊·奥尔兹（Anita Rui Olds）

我第一次接触园艺是在读一年级的时候，当时我只有几粒花籽和一个纸杯。把种子种进湿润的泥土里后，我的同学们都把纸杯整齐地摆放在阳光充足的窗台上。每天早上，麦考克尔老师都会提醒我们浇水，并仔细观察我们的植物。之后，她会把我们的意见写在教室前面的大黑板上。

有很长一段时间，我的杯子里什么也没长出来，但我还是忠实地浇水并检查杯子，想知道它是否会长出什么东西来。最终，它长出了一些绿色。几周后，我兴奋地把一朵花送给妈妈作为母亲节礼物。我不记得这朵花长了多高，也不记得它到底有没有长出来，但我记得麦考克尔老师给我上了一堂课：要想长出东西来，需要泥土、水和阳光。我还记得，花朵并不是在一夜之间从泥土里蹦出来的，它需要时间，我需要耐心。

——托班教师桑德拉

不断激发灵感的空间——成长的三个阶段

为幼儿创造富有美感的环境需要经历三个阶段：发芽、成长和绽放。《图解幼儿园教室环境创设》及其配套观察指南《启发式环境观察评价量表》（ROSIE）将引导你完成这三个阶段，并向你展示如何最终将你的教室空间改造成美丽的岛屿。

发芽

在发芽阶段，植物开始从泥土中探出头来，长出嫩芽。在这个阶段，你开始了解设计美观空间的原则。尽管你的环境已经开始了生长过程，但要长成花蕾，还需要时间和养分。

成长

在成长的萌芽阶段，你越来越有能力创造出令人振奋的空间。随着你对设计原则和美学要素的了解不断加深，你的环境将继续发展成为一簇花蕾。

绽放

开花期是植物生长最旺盛的时期，它焕发着健康和美丽的光彩。在这个阶段，你可以充分发挥自己的潜能，为儿童和成人设计出美丽而富有灵感的空间。

发芽　　成长　　绽放

《图解幼儿园教室环境创设》适合每一个人。也许你的环境需要一些初步的浇灌、阳光和营养。或者，你正在寻找新的生长点。绽放阶段的目标是结出果实，达到健康的顶峰，焕发生命的光彩。正是在这个最后的阶段，你的教室才会生机勃勃、美轮美奂，成为儿童和成人成长并充分发挥潜能的地方。

小贴士

- 要有耐心，成长需要时间。
- 从小事做起。一次只专注于一项改进。
- 改变你能改变的。要知道，有些想法可能超出了你的能力范围。

仔细看看你的教室。你的环境处于哪个发展阶段？你看到的环境是处于发芽期、成长期还是绽放期？无论你的空间是仅仅储存了营养的发芽状态，还是已经开始萌芽、准备生长的状态，你的空间存在的事实都意味着有一粒种子在那里准备生长。

因此，请继续阅读，把你的教室环境改造成一个鼓舞人心的美丽空间。通过美学视角审视儿童空间，将激励你创造一个超越传统高标准、被人认可的环境。《图解幼儿园教室环境创设》鼓励你创造的空间不仅要经过精心设计，而且是能够支持学习，激发想象力，培养儿童、家庭和员工的美丽场所，能真正激发童年的美好回忆。

最疯狂的梦想也有开始的地方。

给自己时间和空间，

让你的思绪徜徉，

让你的想象力飞扬。

——奥普拉·温弗里（Oprah Winfrey）

第二部分

2

学习

七项设计原则简介

仅仅活着是不够的……一个人必须拥有阳光、自由和一朵小花。

——汉斯·克里斯蒂安·安德森（Hans Christian Anderson）

七项 设计原则

原则 1　自然激发美感

原则 2　色彩引发兴趣

原则 3　家具界定空间

通过引入关键设计原则的元素，你可以创建一间引人入胜、刺激多种感官的教室。这些设计原则层层叠加在一起，就会提升教室的整体感觉。要激发孩子的兴趣，不能只在空荡荡的房间里摆放家具。空间的形成必须符合这七项原则，这样我们才能看到它的全盛时期。

原则 4　材料增加深度

原则 5　陈设改善环境

原则 6　元素提升氛围

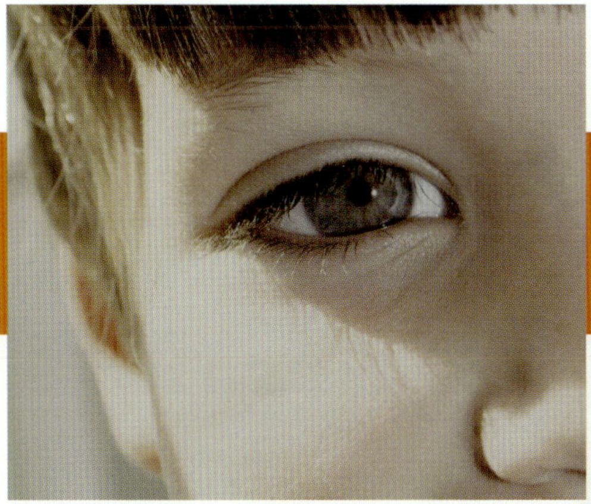

原则 7　焦点吸引注意力

这些设计原则一旦付诸实施，就会激励所有进入你的空间的人，刺激那些身处其中的人，并使那些对空间的兴趣开始减退的人活跃起来。

定义原则

《图解幼儿园教室环境创设》和《启发式环境观察评价量表》(ROSIE)提供了七项设计原则，使你的花园之旅变得更顺畅、更美丽。

原则 1：自然激发美感

正如你沉浸在一个充满视觉、听觉、味觉、嗅觉和质感的自然世界中一样，教室也应反映出你周围的自然奇观。当孩子们与大自然互动时，他们会加深对自己作为地球守护者的位置和角色的理解与欣赏。

原则 2：色彩引发兴趣

无论从积极还是消极方面来看，色彩都是一个强大的设计原则。正确使用色彩可以营造气氛、界定空间并反映儿童的家庭和社区。消极地使用色彩，则会使人感到压抑、混乱和过度刺激。在教室里使用中性的背景色，再配上一些精心挑选的点缀色，就能使居住在这个空间里的儿童和成人产生浓厚的兴趣。

原则 3：家具界定空间

家具用于确定教室区域，如角色扮演游戏区、积木区、美工区、音乐区和科学区。如果这些真正的家具大小合适、摆放得当，儿童游戏的质量和深度就都会提高。

原则 4：材料增加深度

环境中的材料能带来视觉趣味和深度，并为儿童提供独特的触觉体验。当孩子们与感官元素互动时，他们通过编织、雕塑和纺织品的语言，提高了观察能力和精细动作能力。

原则 5：陈设改善环境

通过消除杂乱、安排存储材料和突出儿童作品，教室成了一个尊重所有在此空间里的人的背景。

原则 6：元素提升氛围

多种光源营造出放松和沉思的氛围。通过以支持性的方式使用光线，孩子们能够与他人和环境进行创造性的互动。

原则 7：焦点吸引注意力

进入教室后，一个明显的焦点可以突出互动学习区、儿童作品、建筑元素或精美的工艺品。焦点可以吸引孩子们积极投入和参与到环境中来。

设计可以是艺术。

设计可以是美学。

设计如此“简单”，

因此它才如此复杂。

——保罗·兰德（Paul Rand）

原则1：自然激发美感

大自然为我们提供了观察世界的美丽视角。

——桑德拉·邓肯（Sandra Duncan）

一根涂成红色的树枝悬挂在天花板上，营造出一种视觉效果。

植物、动物和岩石等有生命的物品激发了人们对自然的好奇心。

用回收的蓝色材料创建的海洋场景为富有想象力的游戏提供了机会。

人造木地板界定了该区域，并提供了一个安全地面。

把户外的自然元素带到室内

无论你生活的地方是沙漠还是高山，是城市还是乡村，气候是温暖还是寒冷，大自然的美都是普遍存在的。

在教室的四面墙壁上融入自然元素，可以毫不费力地将孩子们带入一个美丽的世界。大自然不仅能提供无限的感官体验，将其融入所有学习领域，还能为儿童和成人带来平静和安宁的感觉。

将自然世界的元素引入课堂既简单又实惠，而且孩子们会喜欢它的精髓和艺术性。

树干横截面展示了自然元素和
儿童根据自然带给他的灵感创造的艺术作品。

（黏土中的昆虫印记）

将自然融入课堂

教室里应该充满自然或有生命的元素，如植物、岩石、草药、贝壳、树枝、小动物、鲜花和鱼。自然物品不仅是很好的学习工具，而且能美化环境。有许多简单而富有想象力的方法可以将户外自然元素带入你的教室。

在鸟巢中加入儿童泥塑，可以将儿童与这个空间联系起来。

当孩子们在房间里走动时，风铃会发出悦耳的声音。

天然材料为分类和研究提供了独特的机会。

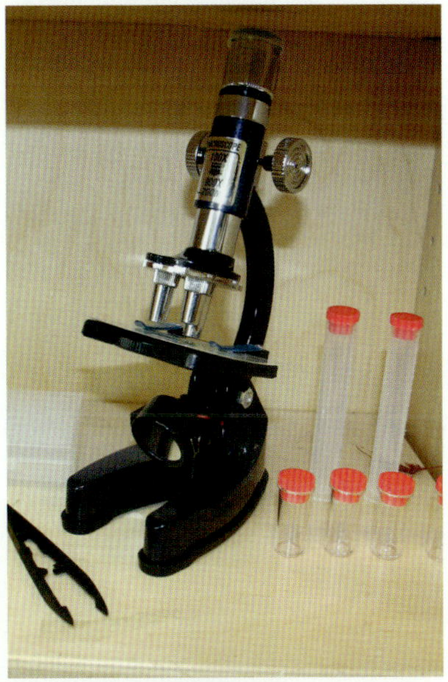

科学项目邀请孩子们用自然元素来检验理论。

窗户

悬挂在拉力杆和钓鱼线上的自然元素在阳光照射下熠熠生辉。

地面

地板上摆放着植物、大柳条篮、树桩或海草地毯等自然物品。

顶面

悬挂的桦树枝从视觉上引导儿童进入该区域，并创造空间悬挂儿童的作品或发现的自然元素。

墙

折叠叶屏风为儿童编织提供了美感和灵感。

桌子

桌子为儿童提供了研究、检查和操作自然材料的空间。

在多个表面融入自然元素，让孩子们沉浸在大自然中。

大自然为思考、创造和探究提供了无限的机会。

——来自瑞吉欧儿童中心

用感官体验自然

触觉

通过触摸体验自然

筛沙子和鹅卵石
通过触摸识别自然元素
赤脚走在天然材料的小路上
将木材打磨光滑

视觉

树叶拓印

用黏土制作自然印记
用蓝莓制成的染料作画
用树皮制作拓片
用草和茎编织

嗅觉

通过芳香植物注入香味

摆放鲜花
将食物的气味与味道相匹配
剥皮并闻闻橙子或柠檬的气味
用松枝搭建

认知

在旋转餐桌上对物品进行排序

按宽度或长度摆放树枝
按形状或颜色对贝壳进行分类
数树木年轮以确定树龄
用树枝在沙子里写字

听觉

聆听岩石喷泉上的涓涓细流声

倒水发出声音
聆听海螺壳中的海洋声音
聆听自然原声配乐
嘎吱作响的干叶子

大自然为我们提供了观察世界的美丽视角。通过与自然元素的互动和体验，孩子们在观察、触摸、闻、听，以及有时还会有的品尝过程中进行学习。将大自然融入课堂，不仅能促进学习，还能创造优美的环境。

神秘的发芽

一次自然研究中，教师在孩子们不知情的情况下在沙水感官桌里种下了种子。教师想看看，一旦幼苗出现在一个用来舀沙、倒沙和量沙的地方，孩子们会有什么反应。过了一个多星期，小苗才开始生长。负责给科学区的植物浇水的乔西第一个注意到了。“快看！快看看！桌子上长出东西来了！”孩子们开始猜测豆芽是怎么长进桌子里的。泰勒说：“这是魔法！”“不，不是！”另一个孩子反驳道。经过深思熟虑，他们得出的结论是有人把豆芽放进那里了。这个实验为孩子们提供了一个假设种子可以在哪里生长的机会。

随后，孩子们尝试将种子种在不同类型的土壤中，并预测哪种土壤最适合植物生长。最重要的是，这些新芽为环境带来了自然之美。

一定要准备大量丰富的自然元素供孩子们探索发现。

草地

花瓣，干蕨类植物，
南瓜，玉米皮，
干玉米，扁豆，
小麦，青草，燕麦，
植物，香蒲，葫芦

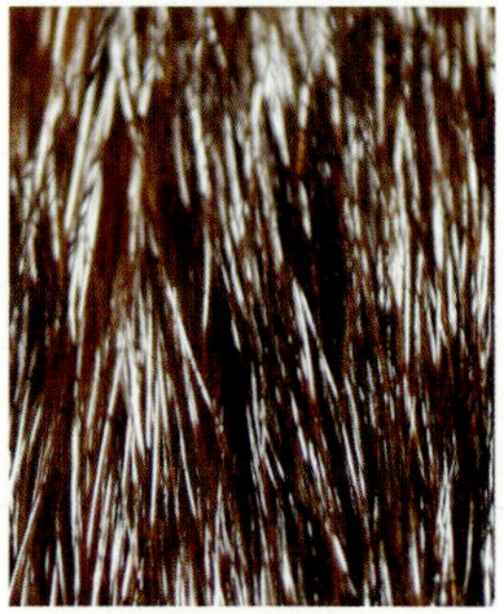

纺织品

毛刷，皮革，
毛皮，纯棉

水

浮木，贝壳，
柳珊瑚，珊瑚，海草，
砂岩，河岩，
海绵，沙子，
海藻，台式饮水机

矿物

宝石，花岗岩，
化石，大理石，
砂岩

天然材料制作的物品

软木砖，谷仓壁板，
宣纸，陶器，
玻璃珠，羊皮纸，
瓷砖，面团，
百花香，木地板或木门，
海草地毯，
布料（丝绸、棉布、羊毛织物），
柳条篮，麻绳

金属

钢，黄铜，
铝，红铜

森林

树枝和细枝，松果，松针，
坚果，木兰豆荚，椰子，
树叶，竹子，树桩，桉树，
柳树，树皮，树“饼干”
（树干切片），干浆果，
草本植物，石化木，苔藓，
蕨类植物，化石

从我记事起，大自然就是我的慰藉、
灵感、冒险和快乐的源泉，
是我的家园、老师和伙伴。

——洛蕾恩·安德森（Lorraine Anderson）

原则2：色彩引发兴趣

我以前常常在桌子上粘贴彩色图案，用来标识工作区和用餐区。现在，我把各种颜色和质地的透明有机玻璃装饰品挂在桌子上方。孩子们喜欢更换装饰品，并讨论里面装的是什么。

——幼儿园教师安德烈娅

色彩既有积极的一面，也有消极的一面。它可以唤起情感和情绪，赋予区域或物体以重要性，定义空间，并反映儿童的家庭或社区。但有时，色彩也会产生负面影响。在教室里使用多种颜色会造成混乱的感觉，因为这样太刺激视觉了。此外，还要注意教室里颜色的强度。明亮的黄色、红色和蓝色会影响孩子们的情绪健康，因此要谨慎使用原色。

当你观察教室里的墙壁时，你看到教室周围挂着多少物品？除了孩子们的作品，你还看到了多少种不同的颜色？它们主要是原色吗？如果你的墙壁看起来像大多数幼儿园教室，你可能会得出一个相当大的数字……而且你观察到的大多数颜色都是明亮的原色。想想看：如果你看不到至少 75% 的墙壁，而你看到的大多数墙壁（除了儿童的作品）都是明亮的颜色，那么你可能会在视觉上产生混乱感。这种视觉混乱感减少或消除了让眼睛和心灵放松所必需的开放留白空间。空间在视觉上变得混乱。通过显著减少明亮的颜色和混乱的图案，你可以为幼儿创造出一个视觉上宁静的环境。

采用中性色调的教室

使用多种明亮颜色的教室

看看你衣橱里的衣服吧。哪些衣服是你喜欢的常备款？你选择的是白衬衫、卡其裤还是黑裙子？这些“必备”单品可能是你的最爱，因为它们是中性色。你可以用它们与最新的和当季最流行的颜色搭配，这样它们立即变得时尚起来。就像中性色的裤子可以搭配最新款的彩色衬衫一样，中性色的教室也可以搭配时髦的色彩。

大多数幼儿园都没有大量资金用于粉刷、墙面装饰和地毯铺设。因此，在为大件物品选择颜色时，一定要考虑中性色，因为这些颜色往往比流行趋势更持久、更经典。然后，用便宜的装饰元素（例如地毯、壁挂、枕头和儿童艺术品）来点缀时尚的色彩。当新的颜色趋势出现时，就替换这些装饰物品。

跟随色轮

原色

间色

复色

选择颜色的技巧

- 选择色轮上的间色或复色，以确保环境的色调美观大方。
- 使用提供最新颜色趋势信息的网站。
- 通过阅读装饰杂志或参观家居装饰店、油漆店，来融入当前流行的色彩趋势。

寻找色彩灵感

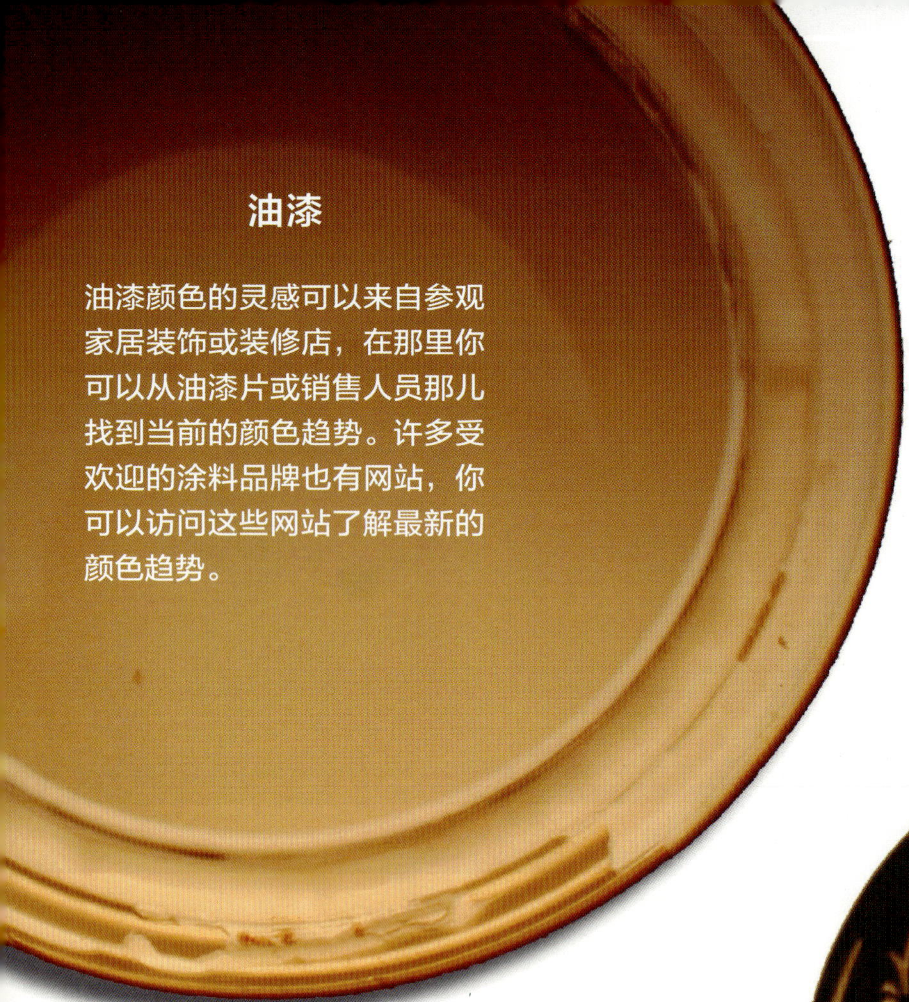

油漆

油漆颜色的灵感可以来自参观家居装饰或装修店，在那里你可以从油漆片或销售人员那儿找到当前的颜色趋势。许多受欢迎的涂料品牌也有网站，你可以访问这些网站了解最新的颜色趋势。

时尚

通过服装和配饰可以洞察最新色彩趋势。你的环境灵感来自观察时尚中的色彩组合。

艺术品

当你反思一个孩子的杰作或购买的艺术品的调色板时，带有灵感的配色方案就会出现。

自然

自然永远不会过时，所以你可以从周围风景中汲取颜色线索。观察一朵橙黄相间的花朵，可能会激发你把这些颜色融入自己的空间。

家具

反映当前色彩趋势的家具可以提供启发灵感的配色方案。为了确定你的教室里的家具是否符合当前的颜色趋势，请将它们与家居装饰店、展览、网站和目录中看到的颜色进行比较。

餐馆

因为餐馆是由商业室内设计师设计的，所以小酒馆、咖啡馆和高档酒店餐厅是观察墙壁、地板和餐桌布置上使用的时尚颜色组合的绝佳场所。

选择强调色

强调色的目的是把你的注意力吸引到一个特定物体上或特殊区域。要有意识地在教室里设计一些强调色，使用强调色把孩子们吸引到特定区域。

红色百叶窗和椅子等真实的物品为这个空间增添了真实的游戏场景和流行的色彩，使这个空间充满活力。

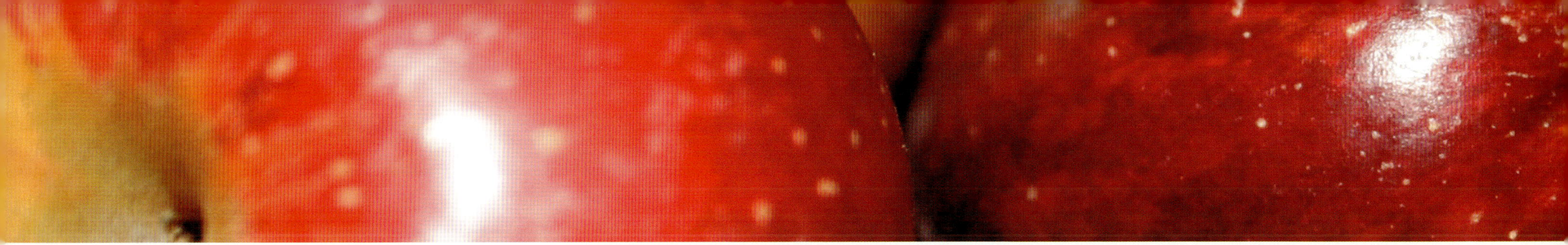

用大胆的颜色充斥整个教室会在视觉上过于刺激，但强调色会引发人的兴趣。

强调色可以融入纤维布吸音板、图片、地毯、墙面装饰、家具和真实的物品中。

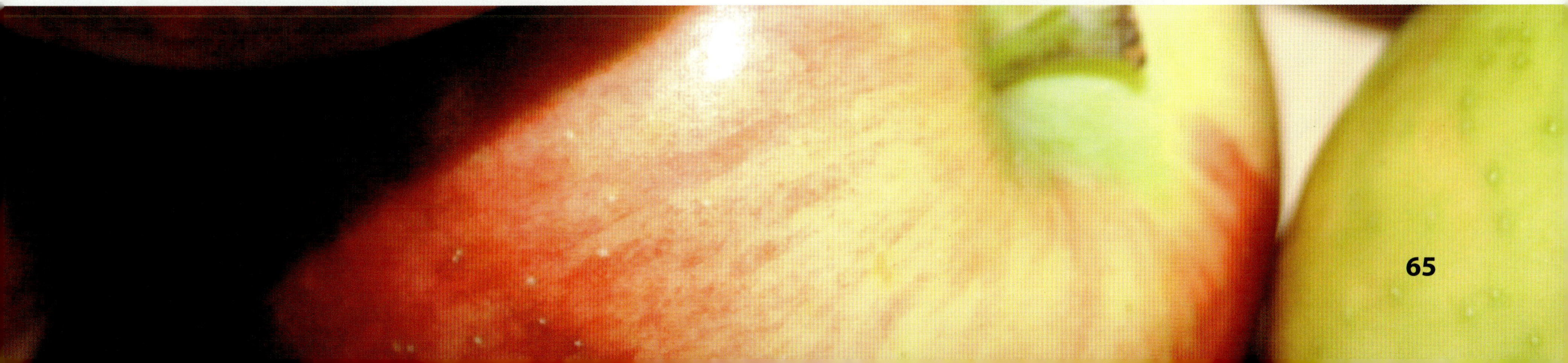

使用强调色

选择一件灵感作品。

确定灵感作品中的颜色。

收集颜色协调的元素。

将其融入你的空间。

用颜色定义空间

通过使用颜色来突出教室区域有助于定义空间。然而，重要的是不要使用过多的颜色。通过使用不超过三种协调的颜色，使房间保持平衡。

选择颜色时应注意的问题

- 应该添加什么颜色才能引发兴趣?
- 教室里是否有需要掩饰的地方?
- 哪些建筑元素可以用颜色来突出?
- 是否有足够的留白来引起人们对颜色的关注?

创造兴趣

小贴士

- 使用大型彩绘或布料覆盖的画布，当孩子们的兴趣或色彩趋势发生变化时，可以轻松地更换画布。

色彩是通过绘画、纺织品、家具和饰品激发儿童兴趣的基础。颜色是激发兴趣的有力元素，因此一定要谨慎使用。

色彩可以增强建筑元素。使用与整体墙面颜色略有不同的光影和色调，可以营造出戏剧效果，吸引人们的注意力。

色彩可以掩盖不理想的建筑元素。例如，这根平淡无奇的柱子被改造成了一棵美丽的白色“白桦树”。

大自然绚丽的色彩丰富了世界。

——匿名者

原则3：家具界定空间

环境就像一个透明的水族馆，
可以反映出生活在其中的人们的思想、
价值观、态度和文化。

——洛里斯·马拉古齐

定义和最大限度利用空间

住在教室里就像住在城市的阁楼里。通常，阁楼是一个具有多种功能的开放空间。可以用私密屏风隔开卧室，用沙发界定起居空间，或在用餐区铺上地毯来安排区域。设计教室也是如此。虽然在一个狭小的空间里有许多不同的区域，如积木区、娃娃家和科学区，但在选择和摆放家具时，必须考虑到整个房间的情况。

弧形竹墙以独特的方式界定了这一空间，并提供了通透性。

使用协调的装饰物品有助于定义学习区。

城市景观图片代表了现实生活中的交通和建筑，有助于界定空间。

装饰性花瓶与自然元素相结合，勾勒出科学区的轮廓。

与城市阁楼一样，绝大多数幼儿园教室的占地面积并不大。虽然有一些方法可以让教室空间看起来更大，但实际情况是可能没有多少面积可用。因此，教室里的每样东西都要有用途，有助于孩子们的学习并且美观，这一点很重要。

空间有限时要考虑的问题

- 哪件家具可以一物多用？
- 一个活动区也可以用于小组会议吗？
- 哪些东西因为不能促进儿童的学习而被抛弃？
- 墙面可以用来创建一个区域吗？

如果地面空间有限，可以考虑利用墙面作为活动区。

小贴士

- 另一件多功能家具是长椅，它既可以用来存放书籍，也可以用作座椅。

衣柜是一种多功能家具，可以放置在多个活动区，并有多种用途。它既可以用来展示，也可以用来存储。打开柜门，邀请孩子们与里面珍藏的宝贝互动。

打造一个舒适的度假胜地

孩子们和成年人一样，需要安静思考的时间，所以有一个指定的空间让他们独处是很重要的。独处区要远离教室主要交通干道，应该被设计成一个舒适的休息区。枕头、沙发和地毯等元素增加了柔软度，灯光增强了氛围感。

这个舒适的休息区藏在阁楼下。壁炉是用剩余的墙面板材安装在复合板上做成的。为了增加环境的真实感，我们还在里面安放了电池灯、沙发、地毯、木柴和咖啡桌。

家具定位

以 45° 或 90° 角摆放储物架，将活动区分隔开。

将家具和地毯摆放在与房间其他部分成独特角度的位置，就形成了这个娃娃家。

家具映照生活

在教室的各个角落都摆放真实的材料，以便孩子们在游戏中体验真实生活。所谓“真实”是指在成人空间中常见或使用的物品，但出于美学或功能性目的，将其放置在儿童的环境中。

在复合板框架中嵌入一个小水槽，让这个娃娃家充满了真实感。

娃娃家材料

小件真实物品

- 工具腰带
- 桌布 / 餐垫
- 电话机
- 路线图
- 路标
- 画家调色盘
- 切菜板
- 灯笼
- 托盘
- 漏勺
- 烤箱手套
- 洗碗巾
- 卷尺

大件正宗家具

- 咖啡桌
- 衣柜
- 餐车
- 乐谱架或植物架
- 成人椅或沙发
- 木炭烧烤架
- 壁炉
- 行李箱
- 人体模型
- 长凳
- 地毯
- 木制梳妆台
- 置物台

娃娃家

创建一个充满灵感的娃娃家，不仅仅是摆放一些传统的家庭生活设施。孩子们在反映日常生活的空间中体验、学习和验证各种想法。通过添加一件真实的家具，角色扮演游戏变得栩栩如生。餐车丰富了娃娃家，使其成为一个餐厅或别致的用餐空间。一个衣橱引发孩子们玩起了奶奶阁楼的游戏。即使是商店里的人体模型或货架，也能扩展孩子们对商品的了解，让他们有机会扮演销售员或顾客。

使娃娃家真实化的想法

- 在餐桌上摆放银器、盘子、大碗和杯子等物品。
- 给娃娃穿衣服。
- 像在现实生活中一样放置玩偶，床上或椅子上只放一个玩偶。
- 添加真实的小物品。
- 放置大件正宗家具。
- 融入植物和绿色。
- 用台灯、落地灯或吸顶灯照亮空间。

积木区

许多积木区包含木制或塑料积木以及从商店购买的汽车玩具或人偶玩具。添加独特的材料，为空间带来新的吸引力。指定一个区域，让孩子们用现成的、回收的和不同材质的积木进行建造活动。地毯、木制平台和（或）桌子提供了一个受保护的建筑空间。

随着孩子们发展出不同的场景，他们可能想要更多的物品来完成他们富有想象力的游戏。通过用管子、电线和纸张塑造树木来添加景观元素。提供黏土，以便他们可以塑造家庭、宠物和社区。

积木区材料

- 安全帽
- 工具腰带
- 卷尺
- 图纸
- 绘图用具
- 设计图
- 建筑物照片
- 建筑书籍
- 路标牌
- 现成材料
- 松散部件：金属管、软管、塑料管
- 锥体
- 建筑物雕塑
- 地图

丰富积木区时要注意的问题

- 如何按照尺寸、类型和功能组织材料?
- 如何为儿童的搭建活动设计不同的水平或高度?
- 除了木块或塑料积木，还可以使用哪些非常规材料?
- 可以融入哪些独特材质的材料?
- 技术如何扩展学习?
- 灯光（即高射投影仪、手电筒、荧光棒、绳灯）可以通过哪些方式提升空间效果?
- 是否有可供儿童使用的天然材料（如鹅卵石、树皮、树枝）?

8"
NOMINAL

我们创建了一个积木区，里面摆满了各种积木、纸张、布料、灯光和回收材料，孩子们可以在那里自由探索。他们建造了城堡塔楼、流淌的小河和摇摇晃晃的小桥。这次使用不同新材料的机会为孩子们打开了一扇门，让他们的想象力无限延伸。

——幼儿园教师凯蒂

美工区

用真实和实用的物品装饰美工区，刺激儿童创造杰作。

美工区材料

- 艺术家画笔
- 碳素笔
- 绘图铅笔
- 橡皮擦
- 画布
- 画板
- 水彩纸
- 带盖涂料杯
- 画架
- 画罩衫
- 粉色彩笔
- 标尺
- 丝带
- 各种现成材料
- 水彩或丙烯颜料
- 调色板
- 画纸
- 图纸
- 纸巾
- 黏土和工具
- 橡皮泥

画架

搁板

墙面

多种表面

科

科学区

现成的、回收的、天然的和机械的物品为孩子们提供了许多探索和整理材料的机会。创建验证理论、探索质地和研究材料的区域，可以促进儿童在科学探究方面的成长。

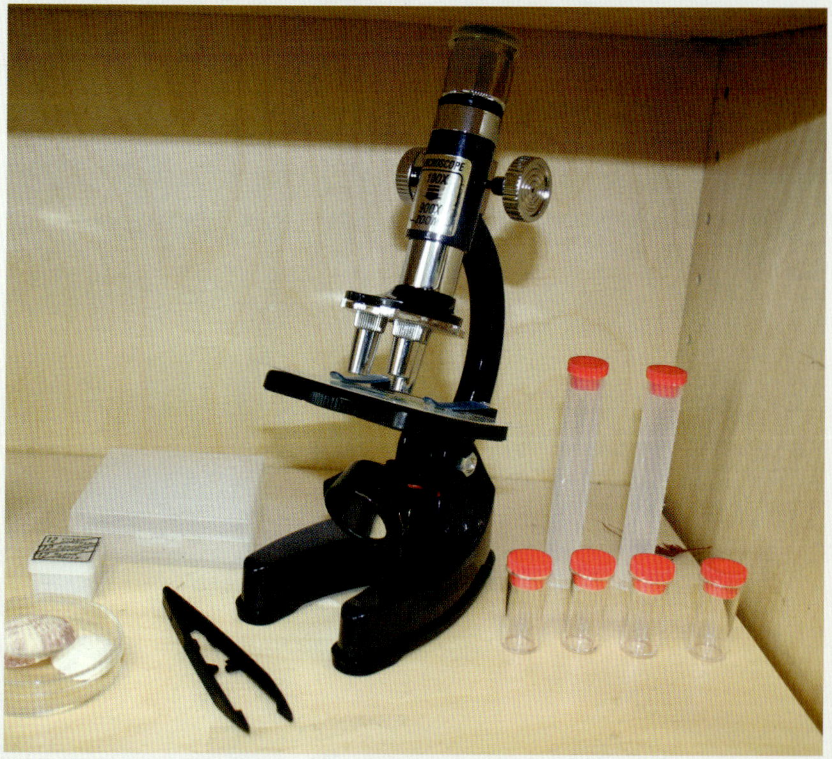

科学区材料

- 放大镜
- 磁铁
- 显微镜
- 量杯
- 卷尺
- 天平
- 小尺子
- 植物
- 手电筒
- 切片容器
- 活的生物
- 各种尺寸的容器
- 自然物品
- 正版书籍
- 用于记录的笔记本
- 毛皮
- 镜子
- 鸟巢
- 试管

展示众多物品时，必须注意使每件物品都容易被看见。当空间被毫无目的地放置的物品淹没时，孩子们就会失去兴趣。添加一些便宜或回收利用的物品（如积木或杯子），以凸显里面的材料。

音乐区

将儿童探索音乐的能力扩展到乐器之外。通过在墙壁、地板和架子上公开展示乐器来促进儿童的视觉和听觉学习。在空间里摆放录音机、键盘乐器、吉他、播放器、乐谱架、指挥台和多元文化乐器。

音乐区材料

- 鼓
- 手鼓
- 铃
- 丝巾
- 彩带
- 吉他
- 乐谱
- 音乐书籍
- 键盘乐器
- 雨棒
- 乐谱架
- 播放器
- 各种文化和类型的唱片
- 节奏棒
- 三角铁
- 带麦克风的卡拉 OK 机
- 多种文化的乐器

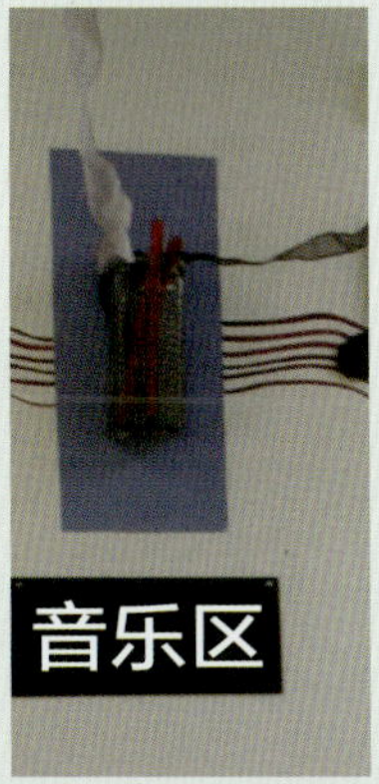

图书区

在儿童图书区摆放成人起居室的物品，可以体现亲密感和温暖感。地毯、咖啡桌、枕头、植物、书架和柔和的灯光共同营造的整个空间给人一种宁静的感觉。多层次的材料营造出层次感，吸引孩子们走进来，惬意地享受一本书。

图书区材料

- 睡榻
- 成人椅
- 枕头
- 小地毯
- 小灯
- 低矮的架子
- 代表多种文化的书籍
- 篮子

为使空间更具吸引力，可增添一些真实的物品，如燃气壁炉和橱柜。这些物品在成本上与儿童家具相似，但是它们给孩子们的教室带来了意想不到的惊喜和变化。

交流区

交流区材料

- 邮戳
- 打字机
- 字母表
- 图纸
- 蜡纸
- 丁字尺
- 标尺
- 电脑
- 打印机
- 闹钟
- 邮箱
- 印台
- 绘图桌
- 收据簿
- 笔记本
- 计算器
- 耳机
- 磁带录音机
- 信纸

交流区鼓励孩子们写字、画画、写信，并发展最重要的小肌肉运动技能。请务必在该区域投放多种不同类型的真实交流工具以及书籍和照片。

环境是一个有生命的、
不断变化的系统。
它决定着我们的感觉、
思维和行为方式，
并极大地影响着我们的生活质量。

——吉姆·格林曼（Jim Greenman）

原则4：材料增加深度

不同材质的材料是生活中视觉和触觉的调味品。

——拉斯蒂·基勒（Rusty Keeler）

寻找材料

材料包围着我们。柔软的、坚硬的、凹凸不平的、闪亮的、粗糙的、光滑的材料随处可见。鼓励孩子们探索不同材质的材料，从而对周围世界有新的认识。

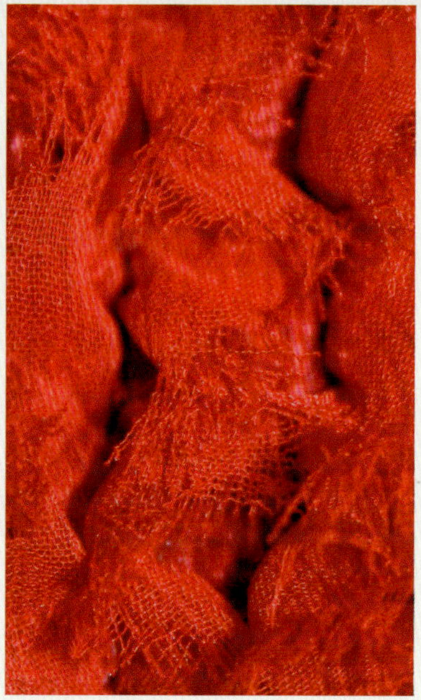

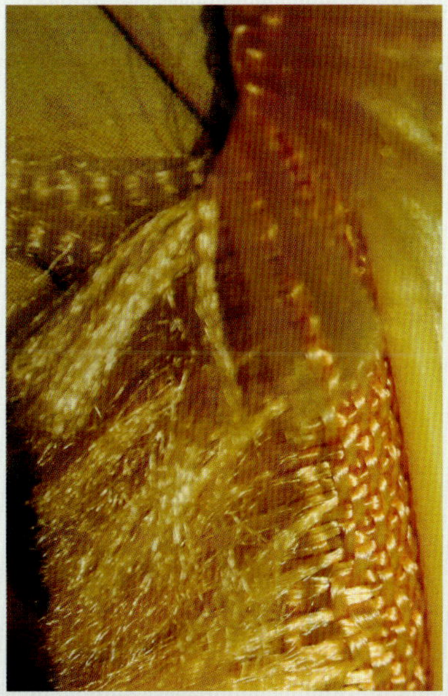
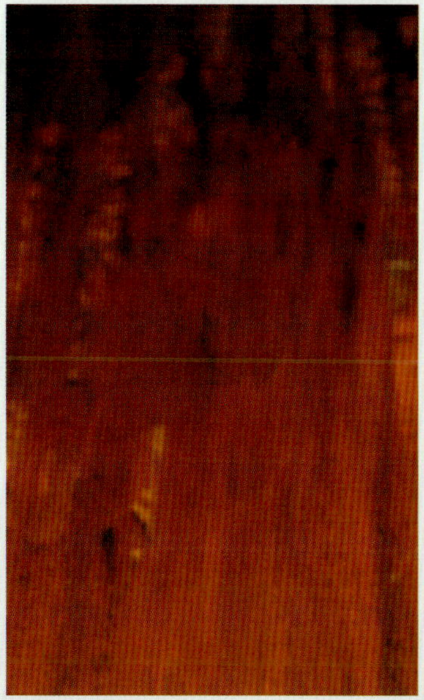

编织触感材料

树枝移动装置既能带来视觉上的趣味，又能展示儿童的编织作品。寻找含有孔洞或板条的编织背景。餐垫、墙挂、画框、轮子、筐箩和自制的编织板都是绝佳的编织画布。

叠加多种材料

地板、墙壁、天花板和架子上的材料层层相叠，营造出一个充满生命力的材料世界。

树枝紧靠着支撑梁。

鼓被分层放在剑麻地毯上。

隔离屏风是镂空的。

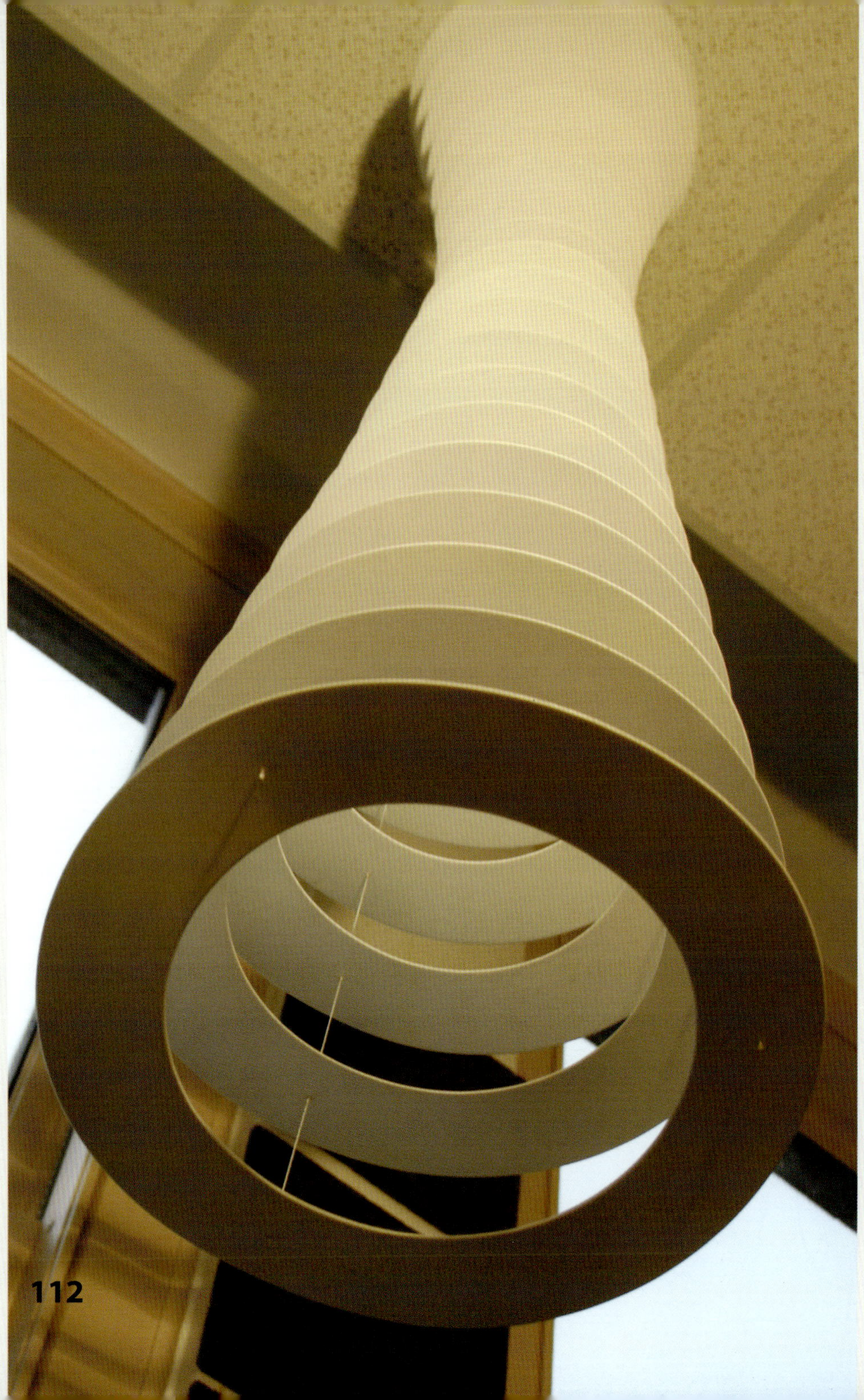

注入视觉材料

将视觉材料融入房间可以给普通的环境带来深度。通过在地板、天花板和墙壁上添加不同材质的物品，可使空间变得丰富多彩。

Right Side Up
Tomato Plant

注入回收材料

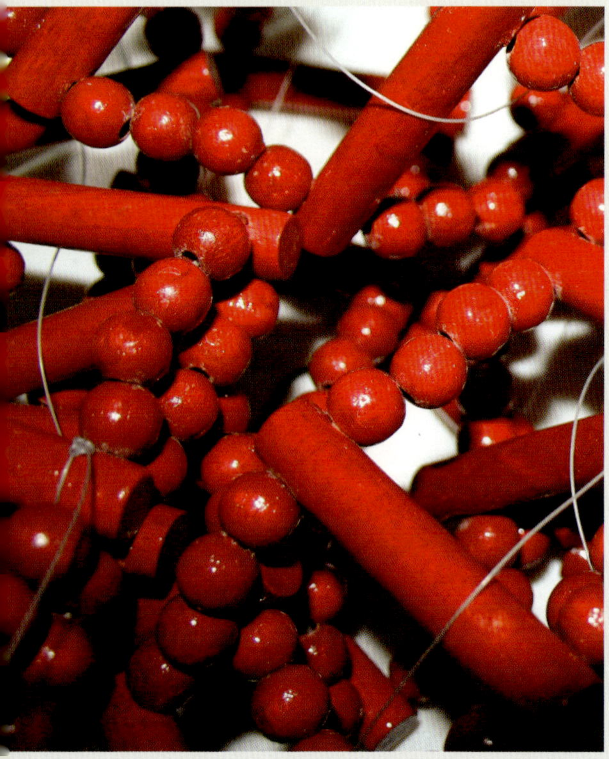

孩子们通过接触各种材质的材料来了解他们的感官。在教室里添加互动材料很容易，因为它们随处可见。在回收店、标牌店和塑料制造商那里，可以找到许多不同种类的废弃材料，而且它们成本极低，甚至不需要成本。因此，你可以发挥创意，寻求捐赠，激发孩子们对美丽的材料世界的兴趣。

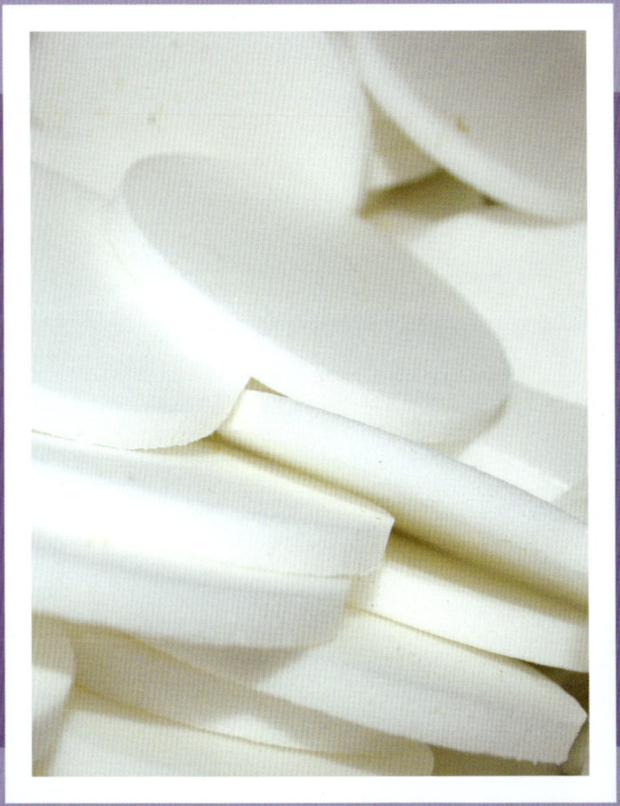

感官桌

小贴士

- 如果你担心孩子们受到过度刺激，可以尝试在感官桌上每次添加一种材料。

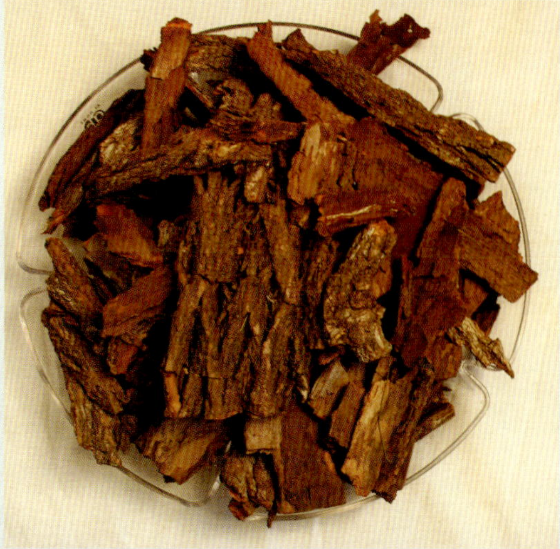

创建互动场景

感官桌为游戏和探索性学习提供了无限的机会。通过添加真实材料（包括现成的、回收的和天然的物品）和玩具或仿真材料（如塑料车辆、塑料动物、塑料昆虫），可以从儿童的角度来讲述角色扮演游戏场景和故事。以儿童的兴趣为导向来选择创建这些感官桌场景所需的材料，可以增强儿童的自主性，促进他们多方面的发展。

感官桌材料

- 杯子
- 漏斗
- 有色水
- 管子
- 碗
- 喷壶
- 铲子
- 筛子
- 天然材料
- 回收材料

一个装满沙子的托盘可能平淡无奇。然而，当孩子们提出自己的想法，创造出他们感兴趣的场景或景观时，一件普通的事情就会变得不普通了。例如，一个班级的孩子们向往沙漠的景色，于是他们决定自己动手创作。他们开始用牙签和黏土雕刻仙人掌，并以此为背景，创作出无尽的沙漠故事。

使用不同材质的材料可以为空间增添另一个整体维度。

——莱维廷（Lewitin）

原则 5：陈设改善环境

儿童自然收藏品为展览注入了活力。

——玛丽·安·罗迪（Mary Ann Rody）

大自然的美让孩子们对世界充满好奇。例如，松果在成人看来可能很普通，但却令孩子们惊奇不已。在附近的公园散步，收集松果、树枝、树皮、野花和树叶等珍宝，能激发孩子们的想象力。在收集到他们感兴趣的物品后，他们会决定如何展示自己的收藏品。

用儿童收藏品唤醒空间

展示儿童收藏品时需要考虑的问题

- 收藏品有何特别之处？
- 应展示哪些收藏品？
- 收藏品应陈列在何处？

进行研究

从当地公园收集自然物品后，孩子们对自己的收藏品进行研究。孩子们根据属性、独特性和个人喜好进行分类，以确定对他们来说很特别的收藏品。

对捡来的材料进行分类的技巧

- 指定一个放置篮子、水桶和透明容器的空间。
- 提供一张带隔板的木桌。
- 使用带储物盒的架子，储物盒可轻松拆卸，便于在地板上进行分类。
- 提供放置在教室门附近的其他室外窗台花箱或容器。

当孩子们研究捡来的材料时，他们了解了自然，并与周围世界建立联系。孩子们会对自己的收藏品产生主人翁意识，并可能选择将自己找到的礼物带到教室。

进行选择

在对收集到的物品进行分类后，孩子们会讨论并选择将哪些宝贝作为礼物献给教室。让孩子们在选择和决策过程中进行合作，有助于其形成团队意识和分享意识。更重要的是，这能让孩子们为自己的教室陈列品感到自豪，并产生成就感。

有机玻璃托盘和碗为分类提供了空间。

进行陈列

孩子们可以创造性地思考如何以及在何处以独特的方式展示他们的宝贝。当你提供许多展示的地方（如墙壁、地板、窗户和架子）时，他们就可以使用这些方式。

在工艺品商店购买一条天然麻线横幅，垂挂在窗户上，为孩子们提供了一个插放和展示他们收集的物品的区域。

儿童需要一个个性化且有意义的场所。因此，要将他们的文化、艺术作品和兴趣元素融入其中，让他们有一种“家”的归属感，并在他们和他们自己所占据的空间之间建立一种象征性的关系。

通过展示使空间个性化

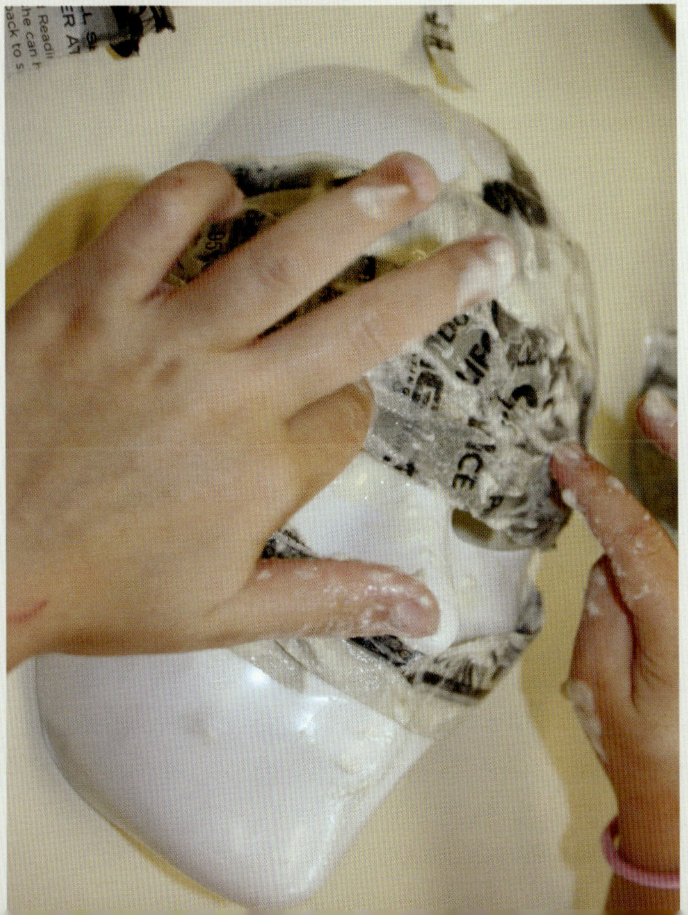

制作完成面具后，孩子们把它们作为礼物献给了教室。

创设个性化空间时需要考虑的问题

- 儿童如何用礼物使空间个性化？
- 展示如何表现真实的生活？
- 展示如何体现儿童作品的价值？

儿童礼物使空间变得个性化

孩子们对学校周围的环境很感兴趣，他们在社区散步，发现了河岸。他们拍摄了港口、渔民、码头、船只和桥梁。孩子们献给学校的照片反映了他们的视角。我们选择了回收的窗框来展示他们的照片，使它们显得更加重要。

——幼儿园教师珍

孩子们需要机会通过素描、照片、绘画、雕塑、手工制作的玩具和现成的材料来使他们的教室个性化。

展示表现真实的生活

鲜花激发了孩子们的创作灵感。

黏土雕塑的灵感来自新鲜的苹果。

孩子们用钢笔和蛋彩画来表现蝴蝶的蜕变。

太阳之美通过孩子们的编织表现出来。

把一个看似不起眼的东西放在重要的地方，它就会显得高贵。墙壁和天花板为突出儿童的作品提供了独特的机会。

展示体现儿童作品的价值

把儿童的雕塑作品放在烛台或木制平台的加高表面上时，它就更加醒目，也更有价值感。

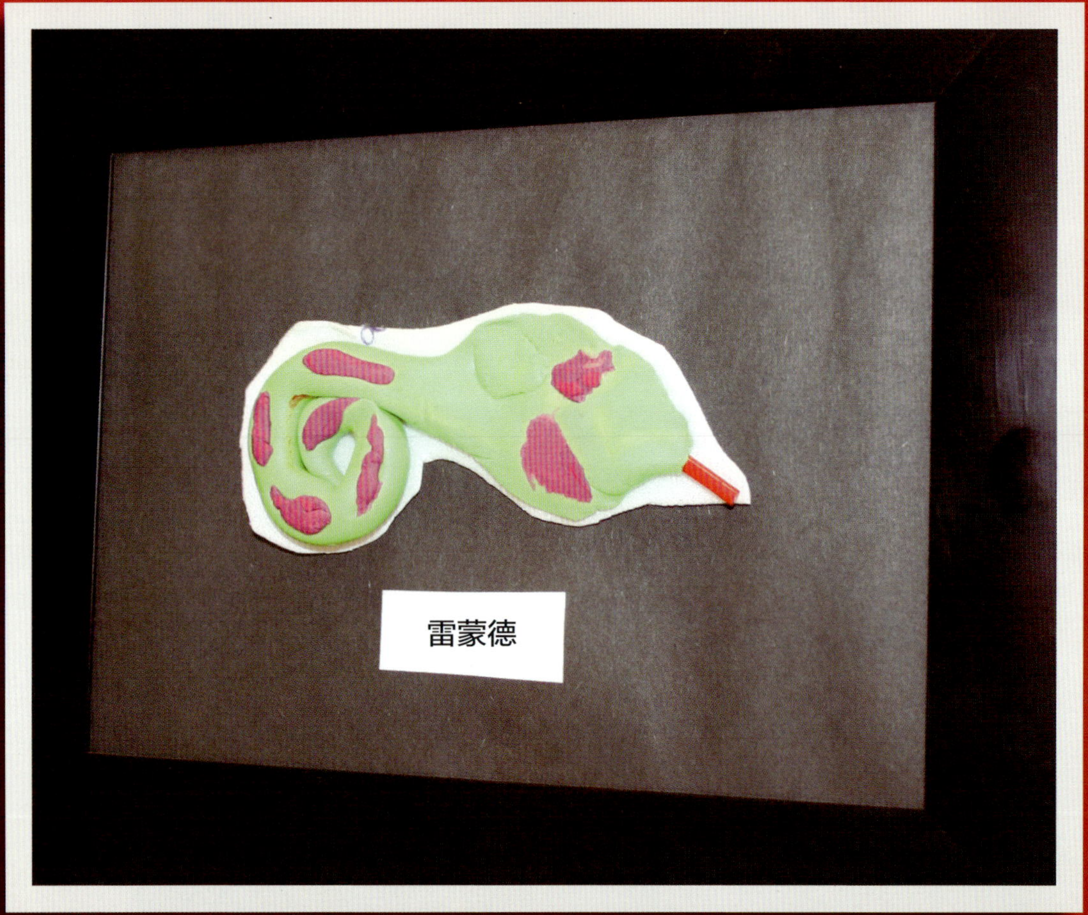

装裱儿童的作品可以表达其作品的重要性。就像昂贵的艺术品要装裱一样，儿童的作品被装裱后也意味着它是房间里同样重要的元素。

装裱的材料有很多种，例如亚光板、黑色建筑纸、海报板、盒盖以及木框或金属框。

小贴士

- 装裱材料商店可能会有不用的废料和多余的材料。
- 一些装裱网站以大甩卖价格提供不同尺寸的装裱框。
- 可用孩子们的作品替换在旧货市场购买的装裱框图片。
- 当地鞋店可能会捐赠鞋盒盖。

问题

- 标识的语法是否正确？
- 字母是模切的还是电脑生成的？
- 是否使用了适当的大小写字母？
- 有些标志是儿童制作的吗？
- 墙壁展示架之间是否有足够的空间？
- 孩子们的作品是否按内容展示和分组？
- 孩子们的作品是否展示了他们当前的学习经验？
- 孩子们的大部分作品是藏边装框、垫衬还是裱糊？
- 装裱好的艺术品是否放在儿童和成人的视线高度？

将空间整理成美丽的地方

当空间井然有序时，它会变得更加美丽。将一些物品摆放在架子上，将其他收藏品放在容器中。将五颜六色的儿童玩具与自然物品搭配在一起，可产生宁静宜人的陈列效果。

一个装满箱子和篮子的架子可能会让东西井然有序，但并不特别吸引人。把所有材料都收起来，孩子们就会忘记探索里面的神奇物品。为了鼓励孩子们去探究，可以把小的、有很多块的物品放在容器里。然后，从篮子里拿出其中一些物品，摆放在容器旁边或前面。让容器内的物品更加明显、更容易被看到，鼓励孩子们去发现。

教师通常用色彩鲜艳的塑料筐或塑料篮存放课堂材料。虽然这些篮筐很实用，但它们并不美观。要考虑使用独特的或反映天然材料和色彩的容器。

小贴士

- 在教室里放置中性色的储物箱、天然篮子和（或）透明容器。
- 整理架子，为所有材料指定存放位置。
- 为儿童创建一个检索和替换物品时使用的系统［例如，架子上物品的照片（图画）和（或）名称］。
- 将每个架子上的物品和容器与属于同一个架子上的物品进行归类（例如，把所有拼图都放在同一个架子上）。
- 货架上的物品之间要留出空间。
- 在旧货市场和回收商店寻找独特的容器。

对材料进行分类是另一种改善环境的展示方法。知道教室物品每天都存放在同一个地方，孩子们会为此心存感激。在你的教学过程中，孩子们会学会珍惜和爱护教室里的材料，他们能以美观、系统的方式对物品进行标记、分组和存储。

用来储藏物品的独特材料

- 花瓶
- 木箱
- 松饼罐
- 小罐
- 工具箱
- 金属罐
- 花盆
- 针线盒
- 饼干盒
- 香料罐
- 首饰盒
- 空油漆桶
- 陶瓷杯
- 木碗
- 午餐盒
- 有机玻璃水杯
- 大编织篮
- 木桶
- 草莓盒
- 办公用品收纳盒
- 塑料蛋托
- 微型手提箱
- 帽盒
- 拼盘和托盘
- 金属桶
- 冰桶
- 野餐篮
- 冰块盒
- 人造陶土花盆

将存储展示提升为艺术形式

很多时候，出于方便和必要性的考虑，我们会把教室里的材料放在普通容器里。例如，盛放剪刀的容器可以是一个普通的塑料桶，但只要稍加想象，一块砖头就可以变成展示这些手工工具的实用而有创意的平台。

将放大镜存放在人造草坪中。

画笔很容易插进玉米粒里。

夏天快结束的时候，孩子们发现他们最喜欢的树开始落叶了。他们讨论着该给大树赠送什么礼物，这样大树在叶子落尽后就不会感到孤单了。孩子们决定制作金属丝花，因为金属丝花很快活，可以在寒冷的冬天陪伴大树。

——学前班教师玛丽亚

原则6：元素提升氛围

有时，窗户上一个简单的影子就能营造出视觉趣味，把你吸引到一个物体上或一个地方。

——萨拉·哈里斯（Sara Harris）

想象一个特别的地方，从你走进去的那一刻起，你就知道自己属于那里，感觉很舒服，并想一去再去。为什么会有这种感觉？也许是因为情感上的联系，也许是因为童年记忆的纽带，或者是因为空间物理元素的吸引力。它可能是一个让你焕然一新、重新焕发活力、恢复精力或欢欣鼓舞的地方。通常，你会发现它的吸引力源于你的视觉和听觉。

光元素

孩子们通过操纵阴影和剪影的明暗来探索奇妙的照明世界。

亮度

强光

剪影

光改变我们感知环境的方式

为确保最大限度地利用自然光，应尽可能多地捕捉自然光。注意，不要用家具或非透明材料遮挡光线。如果可能，让窗户基本裸露在外，这样孩子们就能看到外面的世界。在窗前悬挂棱镜或玻璃球，当阳光在地板和天花板上飞舞并散射出各种色彩时，就会营造出一个美丽的空间。

创设安全的照明空间

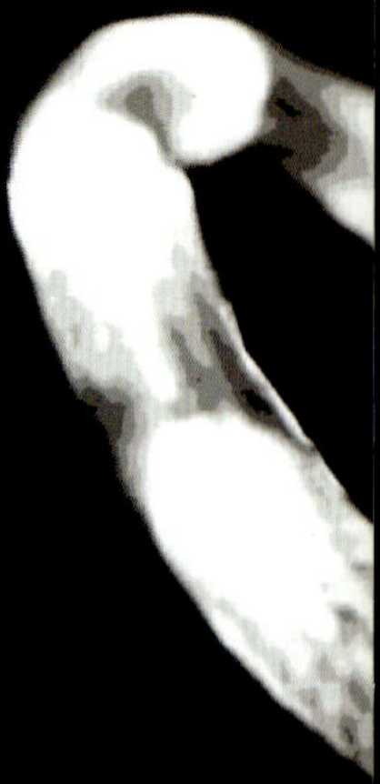

灯光能为任何空间营造气氛，在幼儿教室里尤其如此。一盏小吊灯可以用调光器来进行调节。其他灯光可以激发孩子们创造阴影和光影图案。使用自然节能和低热量照明灯（如 LED*），可以以一种环保的方式来照亮教室。

* 是英文 light-emitting diode 的缩写，中文为“发光二极管”。——译者注

小贴士

- 户外灯泡不适合用于阅读区，因为它们太亮了，会散发出冰冷、偏蓝的光。要为室内空间寻找安全、低功率、节能和柔和的照明。

皮影道具材料

- 帽子
- 小雕像
- 服饰
- 木偶
- 植物
- 自然物
- 网状物
- 薄纸巾
- 珠宝
- 从商店购买的羽毛
- 透明物
- 镜子
- 纱线
- 麻线
- 回收材料
- 管子
- 纺织品
- 有机玻璃

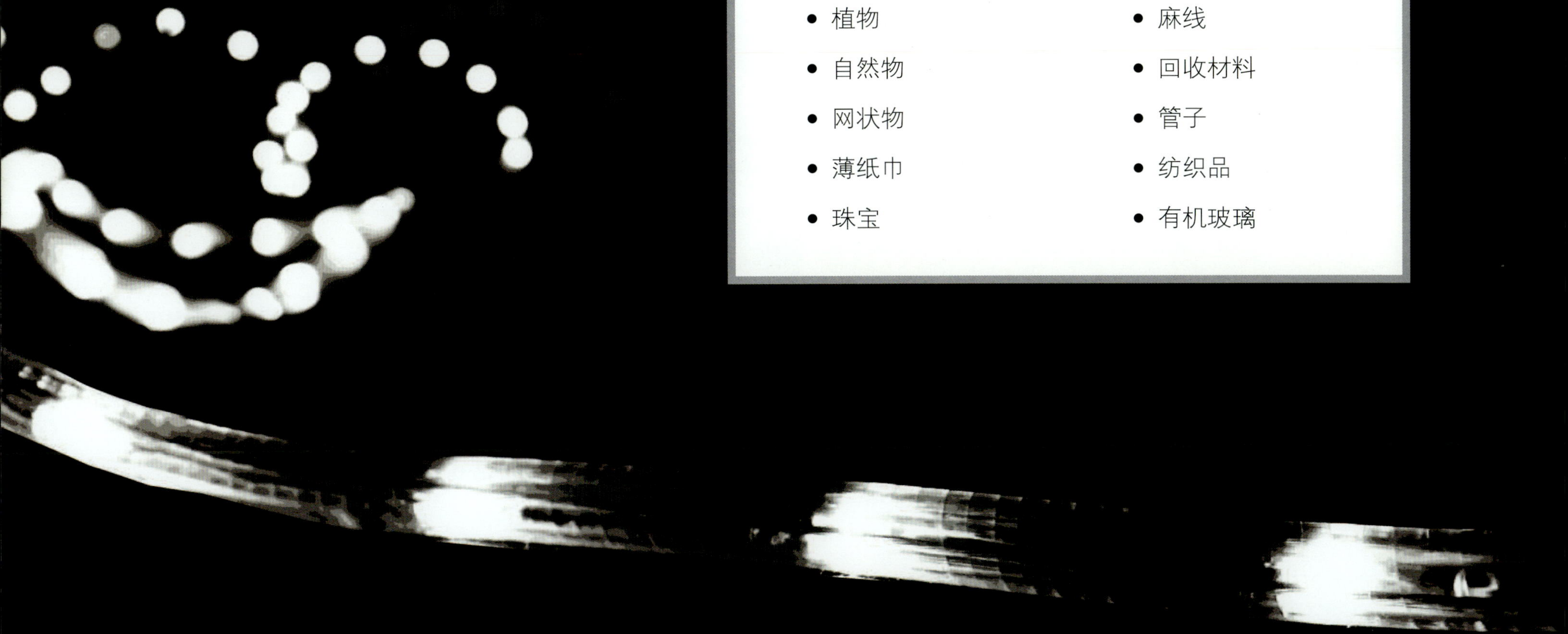

让空间熠熠生辉

增加多种光源可使空间熠熠生辉，使区域更加柔和，并营造出积极的氛围。在照明良好的空间里度过时光的人，会对自己和工作产生更好的感觉。

照明材料

- 聚光灯
- 嵌入灯
- 柱灯
- 水晶吊灯
- 台灯
- 吊灯
- 灯箱
- 工作照明灯
- 景观灯
- 绳灯
- 手电筒
- 植物生长灯
- 幻灯机
- 调光器
- 三向灯
- 荧光棒
- 天花板吊灯
- 电池供电的灯笼
- 落地灯
- 章鱼灯
- 光纤灯
- 日光
- 电池供电的蜡烛
- 庭院灯
- 灯桌
- 壁灯

孩子们在灯桌上添加石头、透明珠子、树桩和塑料两栖动物，创造出梦幻般的海底世界。

照亮你的空间，鼓励孩子们的互动和角色体验。邀请孩子们尝试使用灯桌和投影仪。鼓励他们自由发挥想象力，探索光的不同特质。他们可能会发现，有些材料在灯桌上效果更好，而有些材料在光线照射下会产生独特的阴影。

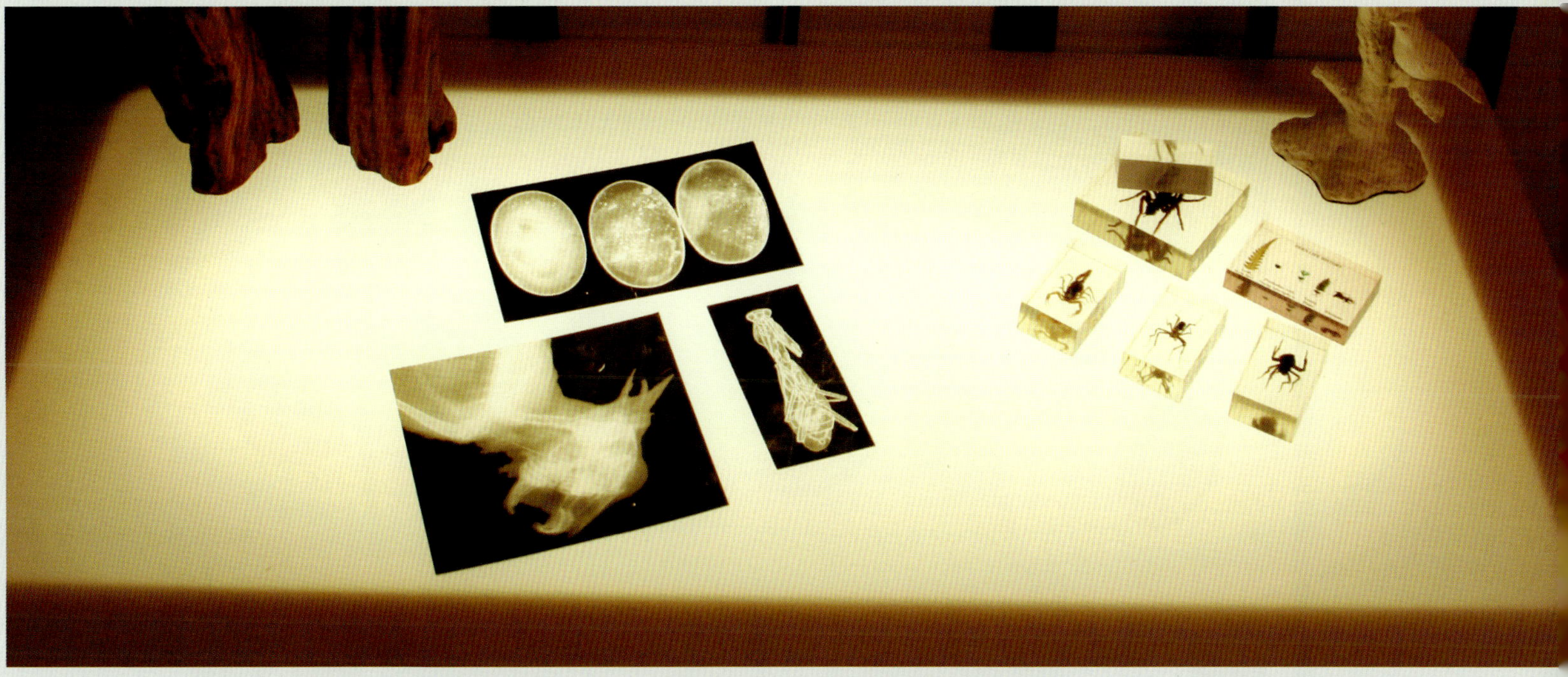

树枝上挂着晒干的橘子，营造出一个绚丽的阳光窗口。

创造感官氛围

氛围涉及多种感官。柔和的灯光、舒缓的音乐、新鲜出炉的饼干香味，都能营造出像家一样的环境。声音、气味、材质和灯光可以唤起积极和消极的反应。认识到感官在提高环境的吸引力方面所起的重要作用，你就能营造出自己的空间，让它充满诱人的氛围。

声音元素

注意声音对儿童的影响。潺潺的溪流声、轻柔的笛声或微风吹过风铃的声音都能对儿童起到安抚的作用。而充满活力的乐队音乐则能激发儿童的活力，让他们动起来。设计各种聆听体验，鼓励儿童探索他们对声音氛围的自然反应。

光总是沿着美丽的道路前进。

——匿名者

原则7：焦点吸引注意力

建筑、家具及其摆放位置和艺术品所营造的焦点，能吸引孩子进入一个空间。

——萨拉·哈里斯

闭上眼睛休息片刻……

想象一下，走进一个可以聆听音乐的场所。你脑海中首先浮现的是什么？是彩色玻璃窗、管风琴还是雕像？请几个人参与这个实验，与你分享他们脑海中首先浮现的东西。由于视角、兴趣、价值观和经历不同，他们可能会想象出与你截然不同的东西。例如：有些人可能会想到管风琴，因为音乐能抚慰他们的心灵，与他们的情感息息相关；其他人可能会关注彩色玻璃窗，因为他们被它的美丽深深地吸引住了。无论你闭上眼睛时憧憬的是什么，可以肯定的是，你的脑海中都会浮现出某个东西，而它就是你一进入该场所就能看到的东西。

教室的焦点类似于上述场所的焦点。在设计焦点时，重要的是思考教室的布局与孩子们的兴趣、背景和经验之间的关系。一个有效的焦点能吸引孩子们的目光，吸引他们去探索该区域有趣的元素。此外，一个成功的焦点还能迫使孩子们将视线集中在教室里更重要的物品上，而不是储物柜或衣帽架之类的杂物上。

打开教室的门……

站在门口，弯下腰，从孩子的视角来观察这个空间。

你从这个角度看到了什么？你是否看到一个堆满了储物柜或衣帽钩之类物品的焦点？或者，你的目光被一个有趣的焦点吸引住了吗？有效的焦点能吸引孩子们进入某个区域。

强化焦点

可以通过色彩、材料和建筑元素来强化互动或视觉焦点。墙面视觉效果得到增强的区域，会使空间变得更加重要，吸引人们的注意力。

高大的白色墙壁具有建筑美感和开放感。但是，当为孩子们创造一个舒适、温馨、放松的空间时，这些高大的墙可能就会看起来显得空洞而冰冷。

在视觉上增强空间感，用色彩平和、富有质感的桌巾来形成一个焦点，从而界定这个舒适的空间，让孩子们感受到它的温暖。

小贴士

设计焦点时……

- 物品架面对入口或与入口垂直。
- 摆放所有物品，使墙壁上的空间疏密有致，保持平衡。
- 加入能吸引儿童兴趣的互动元素。
- 用真实、独特的作品和非凡的元素来充实你的教室。
- 应用“七项设计原则”。

这个房间的焦点是一个冰上捕鱼场景。木梁代表渔棚，固定的透明积木为该区域划定了边界。孩子们可以用白色纸板砌墙，用木头做一个水洞，洞口铺上带有石头图案的蓝色地毯，另外还有长凳和动物玩偶等。所有这些都为孩子们的体验增色不少。

我们中的大多数人都记得，小时候自己在妈妈的餐桌和餐椅下，用能找到的最大的毯子搭帐篷。我们的临时帐篷神奇地将我们变成了在星空下睡觉、用铁罐吃饭、与灰熊搏斗的冒险家。

在我的教室里，孩子们通过一个真实的露营地，再次体验了那些奇妙的时光。露营区充满了孩子们探险所需的一切——包括墙上的湖泊、树木和鸟类壁画，将绚丽的户外景色带进了教室。

当孩子们开始在烤架上烹饪牛排和蔬菜，拿起背包和朋友们一起去散步，或者兴奋地爬进睡袋仰望星空时，他们的脸上都会露出灿烂的笑容。每一次露营经历都充满了冒险和刺激、丰富和富有表现力的语言以及真正非凡的时刻。

——学步儿班教师莎伦

露营用品清单

- 睡袋
- 木炭烤架
- 冷却器
- 灯笼
- 锅碗瓢盆
- 水壶
- 背包
- 手提行李箱
- 柴火
- 人工食品
- 原木长凳
- 干草捆
- 帐篷
- 锡制咖啡壶
- 手电筒
- 防虫网
- 钓竿和鱼
- 徒步靴
- 草坪椅
- 吊床
- 双筒望远镜
- 照相机

把孩子们带到焦点区域

焦点区域为孩子们创造了一个有吸引力的、令人兴奋的地方，尤其是当你有目的地完成任务时。当你添加拱门和小桥，或放置设备以创建一个入口时，该区域就变得诱人且具有视觉的重要性。这个定义明确的空间欢迎孩子们，并鼓励他们通过简单的设计进行探索。

小贴士

- 请家庭捐赠过时的公路线路图。
- 申请不再使用的城市（或城镇）路标。
- 找一个有木工技能的人搭建一个简单的框架，然后固定赛车。
- 添加赛车服。

这些小型脚踏汽车作为一个焦点，让人兴奋不已。拼贴的地图和路标增添了真实的体验。

什么都强调，等于什么都没强调。

——阿卢尔（Aluer）

第三部分

3

设计

创设激发幼儿灵感的空间

绽放教室的繁盛之美，触手可及。你已经收集了有关“七项设计原则”中重要概念的知识种子。自然、色彩、家具、材料、陈设、元素和焦点都有助于打造美观的空间。现在，是时候运用这些丰富的知识，为幼儿营造充满灵感的空间了。

准备“土壤”

不管你的教室空间是新的，还是正在翻新，或者只是缺乏美感，在实施设计之前，你都需要先准备好“土壤”。也许有教师提到教室看起来很破旧，也许是管理者注意到空间缺乏激情，或者是业主有改造或建造新设施的愿景。

无论火花从哪里开始，许多人都将积极参与空间的改造。因此，重要的是通力合作，明确每个人的角色，并确定由谁来领导项目和实现小组的愿景。

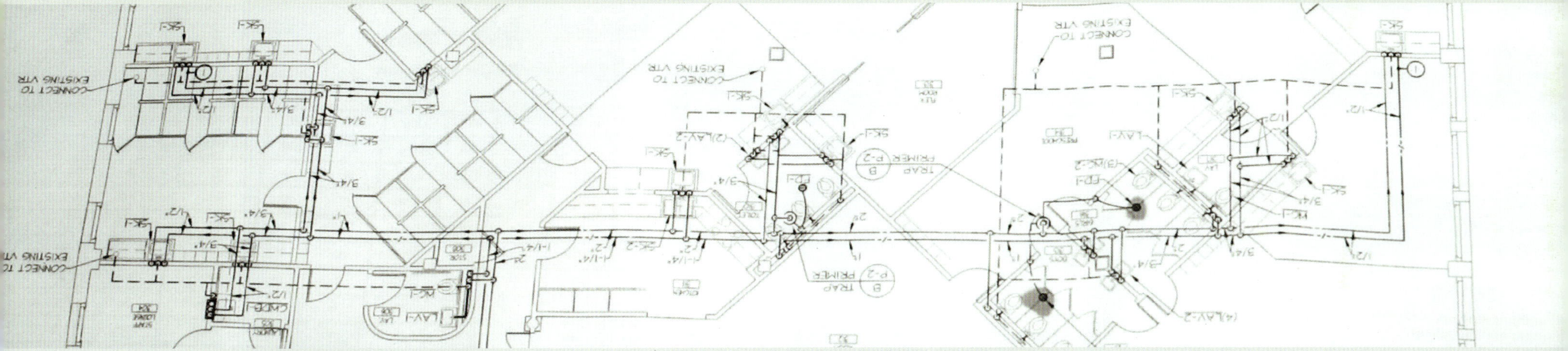
CONNECT TO EXISTING VTR
TRAP PRIMER
P-2
B
(2)LAV-2
(4)LAV-2
(3)WC-2
LAV-1
WC-1
SK-1
FD-1

观察地面

要从一个新的角度开始审视你的空间，思索一个让你感到舒适、充满活力和受欢迎的特殊地方。当你反思这个空间时，你可能会意识到它对你有着强大的影响。

现在，请客观地观察你的教室。这种实事求是的态度有助于你了解自己需要做些什么，才能创设出更好的教室环境。

为了客观地评估儿童空间，你可以使用《启发式环境观察评价量表》（ROSIE）。

娃娃家
停
角色扮演游戏区

确定“土壤”条件

通过与教师、管理人员、设计师和儿童合作，确定当前的“土壤”条件。为了准确测量“土壤”条件，请提出关键问题。在回答下一页的问题时，你将确定你希望做出的改变，以及创建一个能激发幼儿灵感的空间所需的关键要素。

需要考虑的问题

1. 将有多少儿童占用该空间？
2. 哪些变化会产生最大的影响？
3. 哪些变化最能提升学习体验？
4. 空间是否能满足儿童的需要？
5. 有哪些材料可用于改善或翻新房间？
6. 必须采购哪些物品才能完成房间的设计？
7. 如何将自然引入空间？
8. 项目预算是多少？
9. 儿童作品如何使空间个性化？
10. 哪个教室区域将成为焦点？
11. 空间有哪些限制（如窗户位置、教室形状、建筑结构）？
12. 应突出哪些特征或领域？
13. 如何使用《启发式环境观察评价量表》（ROSIE），哪些方面正在萌芽、成长或绽放，为什么？

1. 通过测量墙壁、门和窗户的长度与高度来确定房间的大小。
2. 设计时要考虑房间的形状和建筑特点。
3. 确保所有活动区都已纳入设计中，在将它们添加到布局中时打钩。在图上圈出指定中心位置的区域。在布置活动区时，要考虑其功能。例如，安静的区域不应安排在交通要道上，也不应紧邻喧闹的区域（如积木区）。科学区最好靠近窗户或安排在硬地板上，以便开展感官活动或科学探究。此外切记，要将焦点放在进入房间就能看到的位置。
4. 将每个活动区的物品整理好并放在一起。散落在教室各处的物品会造成视觉混乱。
5. 在图画纸上画出或放上代表家具的图案，确定活动区。物品架的摆放要有创意。将家具与墙壁成 45° 或 90° 角摆放，可创造出独立而舒适的空间。
6. 为充实每个活动区所需的小物品创建一个清单。想一想墙壁、天花板、地板、书架和桌子是如何使每个区域的整体外观得到完善的。
7. 想方设法激发孩子们的兴奋点，鼓励他们把自己的作品作为礼物献给教室。这些礼物不仅使教室空间充满个性化，也是对孩子们作品的尊重。

完成设计后，在每个活动区旁边打钩：

○科学区

○娃娃家

○音乐区

○美工区

○交流区

○积木区

○益智区

选择灵感元素

很多人在看到自己喜欢的东西之前并不知道自己喜欢它。创建一个创意笔记本、设计板或灵感文件，将潜在的教室组成部分汇集在一起。无论你是手动剪切和粘贴杂志上的图片，还是从网站上拖动图片创建虚拟设计板，这些过程都有助于将整体构图的美感视觉化。

一幅画、树枝、地毯或窗帘都可能激发配色方案、风格和焦点的灵感。很多时候，灵感来自可以重新创造或改变的设计师作品或真实物品。例如，通过缩短家具腿来调整成人家具的高度，使其尺寸适合幼儿使用。

你可以通过选择最喜欢的家具元素来确定配色方案。如果这一灵感之作有多种颜色，可以选择一种与现有家具相协调的颜色。少量使用流行色会产生趣味，补色或协调色也可以融入空间。注意不要让教室里的色调过多，否则易造成视觉混乱。

84

揭示你的设计

在与团队合作、绘制布局图和选择灵感作品之后，就该与所有相关人员分享你的愿景了。在公布设计方案时，尽量听取他人的意见和建议，以便对计划进行有益的调整。

看纸上的设计图有助于设想布局，但拿着设计图在房间里走一圈，可以鼓励每个人确定布局的实用性和可行性。请你的团队想象一下孩子们在每个区域探索和学习的情景。询问设计是否可行，是否需要进行修改。

团队查看空间后，确定必要的调整。牢记预算，将这些调整应用到设计计划中。最后，重申完成项目所需的条件，并确保每个人都知道自己在实施过程中的角色。

KNAPPA

播种准备

就像你不会只带着一半的物资就开始花园种植一样，你也需要在开始之前筹集设计计划所需的资源。准备好所有必需品后，安排时间开始实施房间设计。

开工前拆除墙上的装饰，涂上灰泥和油漆，让房间焕然一新，为改造做好准备。安排有一定木工和机械技能的人员协助工作。关于选择油漆颜色的技巧，请参见原则 2“色彩引发兴趣”。

设计布局

我们建议，帮助设计教室的人数为 3~5 人。牵头人应安排好每位参与者在布置教室任务中的角色。确保提供教室的新布局，以便每个人都知道物品的归属地。

空房间

从空房间开始。在布置前完成所有粉刷或维修工作。

改造前的教室 A

大型家具

首先，摆放大型家具。为了让每个人都积极参与布置阶段，力气大的人可以搬架子，其他人可以搬玩具或壁挂。

在大型家具就位后，开始使用多种不同的纺织品和饰面来布置空间。地毯、壁画、架子、灯具、挂件和挂钩对于打造成品来说非常重要。

最终布局

整理物品架、储物盒和橱柜中的现有材料。将这些物品摆放在自然的篮子里、颜色或材质相近的储物盒以及开放式的物品架上，以吸引孩子们的注意力。

摆放你购买或制作的任何物品，以反映新的配色方案。这些物品可以增加趣味性和视觉活力，并吸引孩子们观看整个空间。

让空间绽放

平淡无奇、杂乱无章的空间毫无生气。现在，是时候让这个空间绽放异彩了。

从“之前”的照片中可以看出，教师曾尝试美化这个空间。然而，破旧的沙发，大小不成比例的枕头与沙发、椅子与桌子，以及摆放不当的艺术品，都使这个空间显得毫无生气。

之前

儿童手工艺术品

柔和的灯光

真实的家具

地毯

之后

这个焕然一新、百花齐放的空间拥有柔和的灯光、儿童制作的手工艺术品、真实的家具、植物和地毯。

设计布局

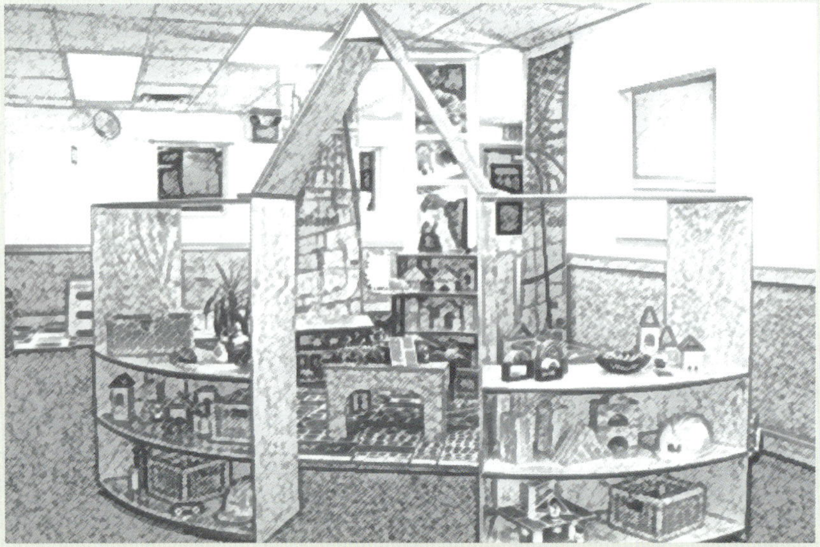

空房间

改造前的教室 B

大型家具

最终布局

孩子们充满好奇心。他们想触摸一切，在实践中学习。针对他们对不同材质材料的天然兴趣，我们制作了材料板。地毯、塑料草、光滑的有机玻璃镜子、木质餐垫、凹凸不平的垫框和海草墙纸都能刺激孩子们的感官。孩子们可以爬过木板，坐下来触摸各种材料，甚至可以在木碗和布饰托盘中添加自己喜欢的不同材质的物品。

个性化空间

即使有漂亮的布局和房间设计，教室也可能缺乏孩子的个性。有许多方法可以直观地反映整个教室里孩子们的生活，比如鼓励他们将自己的作品作为礼物献给教室。

A B C D E F
G H I J K L
M N O P Q R
S T U V W X
Y Z

大自然不仅是美丽的、平静的和鼓舞人心的，也可以是一名教师……一个反应的原因……一个促进认知发展的互动工具。无论孩子们是按长度给树枝分类，还是按重量给石头分类，抑或按颜色给贝壳分类，他们都在发展多种解决问题的能力，这些能力将使其终生受益。让自己和孩子们将自然物视为可以以多种方式对其进行操作和分类，可以使操作性游戏不只是局限于在桌子上对塑料碎片进行分类，而是可以在任何地方进行无限的学习。

孩子们把自己制作的礼物放到房间的各个角落，从而将自己的个性和兴趣注入房间。创造下面场景的孩子们对动物及其栖息地很感兴趣。在参观了当地的动物园后，孩子们决定为自己玩的动物玩偶创建一个自己的动物园。他们收集了一些小盒子，并在上面画出图像，以确定每个盒子所代表的建筑类型。通过这项活动，孩子们创造出了反映他们兴趣的物品，并将角色扮演游戏延伸到了积木区。

鼓励儿童与大自然互动有很多好处。孩子手中的一粒小种子会唤起他们的疑问："这粒小种子能变成什么？""它需要什么才能长大？""它能长多高？"让孩子们承担起照顾一棵小树苗的责任，让他们有目标、有价值感。在小植物成长的过程中测量它，有助于孩子们学习大小、比较和数字。孩子们可以决定用各种方法来测量，如用手、尺子、卷尺或树叶。在成长和学习的过程中，他们会成为其中的一部分。

给孩子们提供开放式的天然材料和空白的创作空间，为他们创造了一个具有无限可能性的独特环境。孩子们每天在这里进行互动，这个空间就变成了一件原创艺术品。

创建岩石雕塑区的步骤

- 把一块 1.2 米 ×1.2 米的复合板铺在地上。
- 用景观铺路石勾勒出雕塑区的轮廓。
- 用装满不同颜色石头的花盆箱确定空间界限，并使儿童的建筑材料变得触手可及。

重新评估你的花园设计

从踏入教室的第一步起，让孩子和大人都感到受到鼓舞及欢迎是很重要的。尽管你已经对家具、活动区的定义、空间的个性化和操作材料的组织等方面做出了精心的选择，但可能仍有欠缺。重要的是，让自己有时间重新评估自己所创造的一切。

通过再次审视空间，你可能会列出一份新的清单，列出需要调整、添加甚至移除的东西；列出你认为需要修改的地方，并确定修改的时间和人员。允许自己对精心制订、深思熟虑的计划进行修改，可以帮助你实现让环境焕然一新的最终目标。

当一切都完成后，不妨环顾一下房间，看看你所创造的美景。感谢你为把这个儿童空间变成一个绽放美感的花园所做的一切。而且，尽管你为打造这个丰富的空间付出了辛勤的汗水，但不要忘记，即使是美丽的花园，没有水也会枯萎。每隔几个月再来看看这个空间，确保它继续绽放光彩。

完成设计仍然需要的东西

1.
2.
3.
4.
5.
6.
7.
8.
9.
10.

Aluer, D. (1990). Design basics. Orlando, FL: Harcourt Brace Jovanovich.

Ceppi, G., & Zini, M. (Eds.). (1998). Children, spaces, relations: Meta-project for an environment for young children. Reggio Emilia, Italy: Reggio Children.

Carter, D., & Carter, M. (2003). Designs for living and learning: Transforming early childhood environments. St. Paul, MN: Redleaf Press.

Copple, C., & Bredekamp, S. (Eds.). (2009). Developmentally appropriate practice in early childhood programs serving children from birth through age 8 (3rd ed.). Washington, DC: NAEYC.

Duncan, S. (2009). Bringing beauty and nature home. Plymouth, NH: Megaprint.

Edwards, C., Gandini, L., & Forman, G. (1998). The hundred languages of children: The Reggio Emilia approach—Advanced reflections (2nd ed.). Greenwich, CT: Ablex.

Fraser, S., & Gestwicki, C. (2002). Authentic childhood: Exploring Reggio Emilia in the classroom. Clifton Park, NY: Thomson Delmar Learning.

Frost, J. (2010). A history of children's play and play environments. New York: Routledge Press.

Gandini, L., Hill, L., Cadwell, L., & Schwall, C. (Eds.). (2005). In the spirit of the studio: Learning from the atelier of Reggio Emilia. New York, NY: Teachers College Press.

Gardner, H. (2006). Multiple intelligences: New horizons. New York, NY: Basic Books.

Gardner, H. (2006). Five minds for the future. Boston, MA: Harvard Business School Press.

Greenman, J. (1988). Caring spaces, learning places: Children's environments that work. Redmond, WA: Exchange Press.

Greenman, J. (1987, November). Thinking about the aesthetics of children's environments. Child Care Information Exchange, 58, 9-12.

Harms, T., Clifford, R., & Cryer, D. (1998). Early childhood environment rating scale (Rev. ed.). New York: Teachers College Press.

Hertzog, N. (2001). Reflections and impressions from Reggio Emilia: "It's not about art!" Early Childhood Research and Practice, 3(1).

Humphryes, J. (2000, March). Exploring nature with children. Young Children, 55(2), 16-20.

Isbel, R., & Exelby, B. (2001). Early learning environments that work. Beltsville, MD: Gryphon House.

Keeler, R. (2008). Natural playscapes: Creating outdoor play environments for the soul. Redmond, WA: Exchange Press.

Kellert, S., & Kahn, P. (2002). Children and nature. Cambridge, MA: MIT Press.

Kempton, W., Boster, J., & Hartley, J. (1995). Environmental values in American culture. Cambridge, MA: MIT Press.

Lemmon, J. (2004). Putting the heart in your home. Des Moines, IA: Meredith Corporation.

LeVan, M. (2002). Nature Style: Elegant decorating with leaves, twigs & stones. New York, NY: Lark Books.

Lewin-Benham, A. (2008). Powerful children: Understanding how to teach and learn using the Reggio approach. New York: Teachers College Press, 2008.

Louv, R. (2005). Last child in the woods: Saving our children from nature-deficit disorder. Chapel Hill, NC: Algonquin Books of Chapel Hill.

Lynch, S. (2003). 77 habits of highly creative interior designers. Glouchester, MA: Rockport Publishers.

Parikh, A. (1994). Making the most of small spaces. New York, NY: Rizzoli International Publications, Inc.

Rui-Olds, A. (2001). Child care design guide. New York, NY: McGraw Hill.

Smith, L. (2005). Discovering home: Find your personal style. Des Moines, IA: Meredith Books.

Sobel, D. (2008). Childhood and nature: Design principles for educators. Portland, WA: Stenhouse Publishers.

Stirling, S. (2006). Babyspace idea book. Newton, CT: Taunton Home.

Tarr, P. (2003). Reflections on the image of the child reproducer or creator of culture. Art Education, 56(4), 6-11.

Tarr, P. (2004, May). Consider the Walls. Young Children, (57)3, 33-41.

Wurm, J. (2005). Working in the Reggio way: A beginner's guide for American teachers. St. Paul, MN: Redleaf Press.